Birgit Henze

Ganzheitlich aktivieren

Themenorientierte Begegnungsrunden für Senioren

Freizeit & Vergnügen

schlütersche

Die Autorin
Birgit Henze ist Krankenschwester, Ergotherapeutin sowie Fachkraft für Gerontopsychiatrie. Seit vielen Jahren ist sie in der Sozialen Betreuung tätig und leitet diesen Bereich in einer Berliner Pflegeresidenz.

pflegebrief – die schnelle Information zwischendurch
Anmeldung zum Newsletter unter www.pflegen-online.de

Bibliografische Information der Deutschen Nationalbibliothek
Die Deutsche Nationalbibliothek verzeichnet diese Publikation in der Deutschen Nationalbibliografie; detaillierte bibliografische Daten sind im Internet über http://dnb.ddb.de abrufbar.

ISBN 978-3-8426-0816-0 (Print)
ISBN 978-3-8426-9018-9 (PDF)
ISBN 978-3-8426-9019-6 (EPUB)

© 2020 Schlütersche Verlagsgesellschaft mbH & Co. KG,
Hans-Böckler-Allee 7, 30173 Hannover

Alle Angaben erfolgen ohne jegliche Verpflichtung oder Garantie des Autoren und des Verlages. Für Änderungen und Fehler, die trotz der sorgfältigen Überprüfung aller Angaben nicht völlig auszuschließen sind, kann keinerlei Verantwortung oder Haftung übernommen werden. Alle Rechte vorbehalten. Das Werk ist urheberrechtlich geschützt. Jede Verwertung außerhalb der gesetzlich geregelten Fälle muss vom Verlag schriftlich genehmigt werden. Die im Folgenden verwendeten Personen- und Berufsbezeichnungen stehen immer gleichwertig für beide Geschlechter, auch wenn sie nur in einer Form benannt sind. Ein Markenzeichen kann warenrechtlich geschützt sein, ohne dass dieses besonders gekennzeichnet wurde.

Umschlaggestaltung: Kerker + Baum, Büro für Gestaltung GbR, Hannover
Zeichnungen: Birgit Henze
Satz: PER MEDIEN & MARKETING GmbH, Braunschweig
Druck: Digital Print Group O. Schimek GmbH, Nürnberg

Inhalt

Einleitung	5
Spiele von früher	6
Worte finden	6
Lieblingsspiel?	6
Sammelbilderalbum	7
Spielzeug-Reime	7
ABC-Fix	8
Brüderchen	9
Kinderreime	9
Schlecht-Wetter-Spiele	10
Singspiel	10
Käsekästchen	11
Die doppelte Dame	12
Gedicht	14
Kleider machen Leute	15
Ideen für die Speisekarte	15
Märchenstunde	15
Modenschau	16
Drei-Ecken-Hut	16
Wäschetrommel	17
Selbst gedichtet	18
Kleider-Quiz	18
Hutschau	19
Erinnern	20
Zeit für Bewegung – ein Hut, ein Stock, ein Regenschirm	20
Kleider ABC	21
Krawatte	21
Märchen und Geschichten	22
Märchenstunde	22
Märchenschreiber	22
Tischlein-deck-Dich	23
Wer weiß es noch?	23
Zeit für Bewegung – Hänsel und Gretel	24
Der Fischer und seine Frau	25
Das tapfere Schneiderlein	25
Die Prinzessin auf der Erbse ...	26
Rotkäppchen	27
Der Froschkönig	28
Schneewittchen	28
Rumpelstilzchen	30
Frau Holle	31
Musik	32
Hitparade	32
Zeit für Bewegung – musikalische Bewegungsrunde	32
Instrumentenkunde	33
Liederbuch	33
Gedicht	34
Ideen für die Speisekarte	34
Musik-Quiz	35
Volkslieder raten	36
Versteckte Instrumente	37
Sängerrätsel	38
Verliebt – verlobt – verheiratet	40
Erste Liebe	40
Geheime Liebesbotschaft	40
Gänseblümchenorakel	42
Kosenamen	43
Verlobung	44
Der Antrag	44
Hochzeitstorte	45
Entführung der Braut	46

Hochzeitsbräuche 47
Herz-Bild 47
Ideen für die Speisekarte 48
Gedicht 48

Fernsehen 49
Anfänge 49
Schwarz-Weiß bis Farbe 49
Ideen für die Speisekarte –
Speiselotto 50
Die Showmaster 50
Fernsehansagerinnen 51
Glücklich-Sein 51
Zeit für Bewegung – Fernseh-
gymnastik 52
Sprechtraining 53
Berühmte Paare 54
Ganz besondere Tiere 55

Zirkus 56
Zirkusluft 56
Flohzirkus 56
Tiere im Zirkus 57
Zauberei 58
Ich packe meinen Zirkuswagen . 60
Zeit für Bewegung – Artisten .. 61
Zirkusfamilien 62

Reisen 63
Anna fährt nach Argentinien ... 63
Ansichtskarten 64
Urlaub 65
Bus oder Bahn? 66
Faltkarten 67
Singen 67
Koffersuche 68
Menükarten 69

Lösungen 70

Einleitung

Aktivieren und Beschäftigen – mehr Lebensqualität für Pflegebedürftige!

Unter diesem Motto und mit Inkrafttreten des zweiten Pflegestärkungsgesetzes – seit dem 1. Januar 2017 gesetzlich gestützt –, haben Pflegebedürftige einen Anspruch auf zusätzliche Betreuungsleistungen. Dafür müssen die Pflegeeinrichtungen entsprechend qualifiziertes Personal vorhalten und Angebote bieten, die die Lebensqualität der Betroffenen sichert und fördert.

Insbesondere die dafür vorgesehenen, sogenannten Betreuungskräfte des Sozialen Dienstes aber selbstverständlich auch Pflegekräfte, Ergotherapeuten und Angehörige stehen somit vor der anspruchsvollen Aufgabe, geeignete Betreuungsangebote anzubieten. Das ist nicht immer einfach – schließlich gilt es die unterschiedlichen Bedürfnisse und Ansprüche der Bewohner sowie ihre motorischen als auch kognitiven Voraussetzungen zu berücksichtigen.

Bei der Bewältigung dieser schwierigen Aufgabe hilft das vorliegende Buch. Thematisch geordnet, werden diverse Aktivierungs- und Betreuungsaufgaben vorgestellt, die speziell auf die Interessen der Bewohner und auf ihre Möglichkeiten zugeschnitten sind. Sowohl Einzel- wie Gruppenbetreuungen sind möglich und flexibel einzuplanen. Egal, ob 15, 30 oder 60 Minuten Zeit vorgesehen sind, kognitiv fitte oder eingeschränkte Bewohner angesprochen werden oder eine Bewegungseinheit geplant ist: Hier findet jede Betreuungskraft geeignete Vorschläge! Dabei geht es darum, sich mit den Pflegebedürftigen gemeinsam Raum und Zeit für »echte« Begegnungen zu nehmen und abwechslungsreiche Angebote zu unterbreiten!

In diesem Buch wird aus Vereinfachungsgründen die männliche Ansprache benutzt, grundsätzlich sind aber immer beide Geschlechter angesprochen.

Die Autorin, **Birgit Henze**, ist Krankenschwester, Ergotherapeutin, Fachkraft für Gerontopsychiatrie und somit eine absolute Expertin auf diesem Gebiet: Seit vielen Jahren leitet sie den Bereich der Sozialen Betreuung einer Pflegeresidenz. All ihre Angebote sind daher bestens praxiserprobt!

Spiele von früher

Können Sie sich noch an die Kinderspiele von früher erinnern? Damals wurde mit ganz einfachen Gegenständen oder Dingen aus dem Haushalt gespielt – gerne auch draußen. Stundenlang haben die Kinder damals ganze Nachmittage im Freien verbracht: Mit Kreide wurden Hüpfkästchen auf die Straße gemalt, ein Stück Gummiband aus dem Nähkästchen zum Gummi-Twist benutzt, oder es wurde gemurmelt. Einfache Dinge wurden zu den schönsten Spielsachen.

Viele dieser Dinge lassen sich auch in der Beschäftigung mit Senioren wieder aufgreifen –, natürlich ohne sie dabei zu »verkindlichen«! Das Anknüpfen an die Spiele von Früher weckt vielmehr Erinnerungen, schult das Gedächtnis und kann die Grob- wie Feinmotorik trainieren.

Worte finden

Welche, die den Begriff »Spiel« enthalten, fallen Ihnen und Ihren Teilnehmern ein?

Beispiele:
Spielbrett, Spielrunde, Gesellschaftsspiel, Abenteuerspiel, Spielgeld, Spielkameraden, Spielzeugladen, Ballspiel, Kinderspiel, Spielzeug, Lernspiel, Gewinnspiel, Singspiel, Kartenspiel, Spielregeln, Spielverderber, Glücksspiel, Spieldose, Spielhose usw.

Lieblingsspiel?

Fragen Sie die Teilnehmer welche Spiele sie als Kind besonders gemocht haben. Nutzen Sie das Thema für den Einstieg in eine »Biografie-Runde«.
- Wo haben Sie als Kind gespielt?
- Was war Ihr Lieblingsspiel?
- Mit wem haben Sie gespielt?
- Hatten Sie viel Spielzeug?
- Haben Sie selbst Spielzeug hergestellt?
- Haben Sie lieber allein oder mit anderen Kindern gespielt?

Sammelbilderalbum

Schreiben Sie das Wort SAMMELBILDERALBUM auf einen Zettel. Die Teilnehmer sollen nun mit den Buchstaben des Wortes neue Worte bilden.
Zum Vereinfachen können Sie auch jeden einzelnen Buchstaben auf einen Zettel schreiben und alle Buchstaben auf einen großen Tisch verteilen. So können die Buchstaben einzeln zusammengeschoben und es kann ausprobiert werden, welche neuen Wörter sich finden lassen.

Beispiele:
Rede, Lied, mild, Baum, Mulde, mir, bald, Samen, Blume, blau, Mus, Milbe, drei, Rille, Bier, Bild, Reim, Rum, Made, Saum, Mader, Leid, Du, Delle, Beule, Saal, Rad, Reue, bald, Raum, See, Brille, leer, Reis usw.

»Kleine Geschenke erhalten die Freundschaft«: »Verschenken« Sie einen zusätzlichen Buchstaben. Damit können dann noch mehr Worte gefunden werden.
Beispiele mit einem zusätzlichen »H«: Haus, Heim, Mehl, halb, heiser, Hammer, Hase, Herd, Lehre, Reh, Reihe usw.
Beispiele mit einem zusätzlichen »N«: neu, nie, Name, Nummer, nieder, Neid, albern, Rinde, Rind, rund, Rand, mein, dein, Blender, blind, Bund, Band, Rasen usw.
Beispiele mit einem zusätzlichen »T«: Treue, Teil, Leiter, Tee, Mut, mit, Meter, Traum, stur, Stab, Staub, Mast, Turm, Mut.

Spielzeug-Reime

Jetzt wird selbst gereimt. Was reimt sich wohl auf die folgenden Worte?
- **Ball** — Wall, Hall, Knall, Schall, prall, Fall, Stall, All
- **Reifen** — Seifen, Streifen, keifen, kneifen, Pfeifen
- **Puppe** — Suppe, Schuppe, Kuppe, Truppe, Schnuppe
- **Spiel** — Kiel, viel, Nil, Priel, Stiel, Siel, Krokodil
- **Bär** — Heer, leer, Meer, quer, wer, sehr, Speer, fair
- **Kreide** — Weide, beide, Heide, Seide, Umkleide, meide, Scheide, schneide

ABC-Fix

Kennen Sie das Spiel Denk-fix®, bei dem man mit einer Drehscheibe einen Buchstaben »erdrehen« kann? Mit diesem müssen dann bestimmte Wörter zu einem Thema beginnen.

Alternativ können die Teilnehmer auch Buchstabenkarten ziehen und mit dem gezogenen Buchstaben beispielsweise ein Kinderspielzeug nennen.

Beispiele:
- **A:** Auto, Angelspiel, Anziehpüppchen
- **B:** Ball, Bausteine, Brummkreisel, Buddelzeug
- **C:** Comic, Chemiekasten
- **D:** Drachen, Dreirad, Diabolo, Domino
- **E:** Eisenbahn, Experimentierkasten
- **F:** Flugzeug, Fahrrad
- **G:** Gummiband, Gießkanne
- **H:** Halma, Hula-Hoop-Reifen, Handpuppe
- **I:** Indianerhaube
- **J:** Jongliertuch, Jo-Jo
- **K:** Kreisel, Kreide, Kasperle, Karten, Kaufmannsladen
- **L:** Lumpenball, Leiterwagen, Luftballon, Lotto
- **M:** Memory, Murmeln, Malkasten
- **N:** Nähkästchen
- **P:** Puppe, Puppenstube
- **Q:** Quietscheente
- **R:** Rassel, Roller, Rollschuhe
- **S:** Schiffchen, Stelzen, Schaukel
- **T:** Teddy, Taschenlampe
- **V:** Vogelpfeife
- **W:** Wundertüte, Wippe, Wasserpistole
- **X:** Xylophon
- **Z:** Zigarettenbilder, Zauberkasten, Zauberstab

Das Spiel lässt sich auf andere Themen übertragen: Finden Sie doch gemeinsam auch Beispiele für Automarken (besonders für »Männerrunden« geeignet), für Tiere oder Blumen/Pflanzen.

Brüderchen

Die Teilnehmenden kennen sicherlich das Volkslied »Brüderchen komm tanz mit mir«. Singen Sie gemeinsam das Lied und ahmen Sie mit allen die Bewegungen aus dem Lied nach.

»Brüderchen, komm, tanz mit mir,
beide Hände reich' ich dir,
einmal hin, einmal her,
rundherum, das ist nicht schwer.

Mit den Händchen klipp, klipp, klapp,
mit den Füßchen tripp, tripp, trapp,
einmal hin, einmal her,
rundherum, das ist nicht schwer.

Mit dem Köpfchen nick, nick, nick,
mit den Fingerchen tick, tick, tick,
einmal hin, einmal her,
rundherum, das ist nicht schwer.

Ei, das hast du gut gemacht,
ei, das hätt' ich nicht gedacht.
Einmal hin, einmal her,
rundherum, das ist nicht schwer.

Noch einmal das schöne Spiel,
weil es mir so gut gefiel,
einmal hin, einmal her,
rundherum, das ist nicht schwer.«

Kinderreime

Welche Kinderreime kennen die Teilnehmer? Lesen Sie jeweils den Anfang des Reimes vor, die Teilnehmer sollen die Reime beenden.
(Die Auflösung wird jeweils durch den Gedankenstrich vom vorderen Reim abgetrennt.)
- Eins, zwei, drei, vier, fünf, sechs, sieben, eine alte Frau kocht Rüben, eine alte Frau — kocht Speck und Du bist weg!
- Ich und Du, Müllers Kuh, Müllers Esel — der bist Du!
- Eins zwei drei, Zucker in den Brei, Salz auf den Speck — und Du bist weg!
- ABC die Katze lief im Schnee, und als sie wieder raus kam — hat sie weiße Stiefel an.
- Eine kleine Dickmadam, fuhr mal mit der Eisenbahn, Dickmadam, die lachte — Eisenbahn, die krachte. Eins, zwei, drei und du bist frei!
- Eins, zwei, drei, vier, fünf, sechs, sieben, wo ist nur mein Schatz geblieben? Ist nicht hier, ist nicht da — ist wohl in Amerika.

Schlecht-Wetter-Spiele

Manchmal zwingt schlechtes Wetter dazu, gänzlich in der Einrichtung oder zu Hause zu bleiben. Damit sich keine Langeweile breit macht, gibt es ein paar Beschäftigungsangebote, die sich eher für ruhige Aktivierungsrunden eignen – hier eine kleine Auswahl.

Singspiel

Das Singen von Volksliedern war früher sehr gebräuchlich. Gesungen wurde beim Wandern, bei der Hausarbeit, bei Ausflügen, zu Hause usw. Jeder kannte die Lieder und konnte mit einstimmen.

Geben Sie die Anfänge der folgenden Liedertexte vor, und lassen Sie sie von den Teilnehmern zu Ende singen. Ganz sicher werden sie viel Spaß daran haben, die Lieder zu singen. (Die Auflösung wird jeweils durch den Gedankenstrich vom vorderen Reim abgetrennt.)

- Jetzt fahr'n wir übern See übern See, jetzt fahr'n wir übern See — mit einer hölzern Wurzel, Wurzel, Wurzel, Wurzel.
- Fuchs du hast die Gans gestohlen, — gib sie wieder her, gib sie wieder her, sonst wird dich der Jäger holen mit dem Schießgewehr.
- Auf einem Baum ein Kuckuck, — simsalabimbambasaladusaladim, auf einem Baum ein Kuckuck saß.
- Hänschen klein ging allein in die weite Welt hinein, — Stock und Hut steh'n ihm gut, er ist wohlgemut.
- Der Kuckuck und der Esel, — die hatten einen Streit, wer wohl am besten sänge, wer wohl am besten sänge, zur schönen Maienzeit.

Käsekästchen

Kennen Sie und die Teilnehmer das Spiel Käsekästchen? Dies ist ein sehr altes Spiel, was schon früher an verregneten Nachmittagen geholfen hat, die Zeit zu vertreiben.

Anleitung:
Spielen Sie dieses Spiel mit zwei bis drei Teilnehmern. Kopieren Sie die Kopiervorlage mit den Quadraten von Seite 12 und stellen Sie der Spielerunde einen Vordruck davon zur Verfügung. Außerdem benötigen die Spieler einen Stift.

Es wird nacheinander gespielt – der erste Mitspieler zeichnet mit dem Stift eine der kurzen Linien nach, die ein Quadrat bilden. Dann ist der nächste Mitspieler dran und zeichnet seinerseits eine Linie nach. Ziel ist es, als Letzter ein Quadrat einzurahmen, d.h. die letzte Linie nachzuziehen, die das jeweilige Viereck umschließt. Damit hat er dieses Kästchen »gewonnen« und darf sein Zeichen – beispielsweise ein Kreuz, Kreis oder Dreieck – hineinzeichnen. Außerdem ist er gleich noch einmal an der Reihe und darf die nächste Linie setzen. Das wird fortgeführt, bis alle Kästchen umrahmt sind.

Gewonnen hat am Schluss derjenige, der die meisten Kästchen für sich – mit seinem Symbol – markieren konnte.

KOPIERVORLAGE

Die doppelte Dame

Auch Brettspiele wie Halma, Mühle und Dame sind sehr beliebte Spielmöglichkeiten für Regentage.
Verteilen Sie das Suchbild »Die doppelte Dame« von Seite 13, auf dem 12 Damespielbretter zu sehen sind – zwei davon sind immer gleich. Die Teilnehmer sollen nun die Paare finden.

Schlecht-Wetter-Spiele

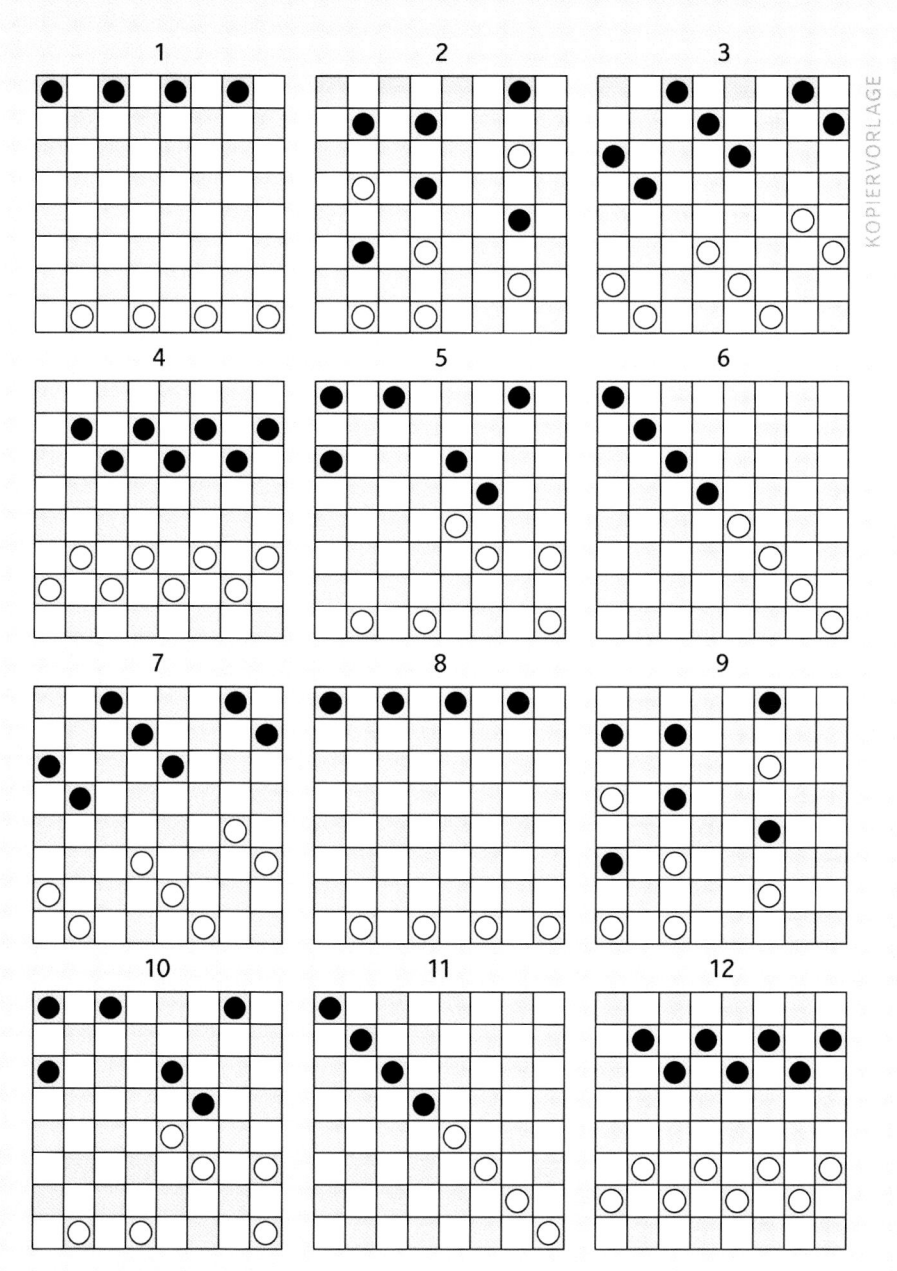

Auflösung siehe S. 70

Gedicht

Regentage eignen sich auch wunderbar zum gemeinsamen Kochen und Backen. Schon Kinder genießen es, etwas Leckeres auf den Tisch zu zaubern.

Nutzen Sie das folgende Gedicht »Kinderküche« von Paula Dehmel, um mit den Teilnehmern über ihre Koch- und Backerfahrungen zu sprechen. Womit haben sie beim Kochen schon improvisiert, was ist beim Backen alles schief gegangen?

Kinderküche
*»Marie-Marei will Braten machen,
hat keine Pfanne;
nimmt sie sich die Schiefertafel
von klein Schwester Hanne.
Hat sie eine Pfanne.*

*Marie-Marei will Braten machen,
hat keine Butter;
borgt sie beim Kanarienvogel
rasch ein bisschen Futter.
Hat sie Butter.*

*Marie-Marei will Braten machen,
hat keine Kohlen;
vor der Tür steht roter Mohn,
geht sie den sich holen.
Hat sie Kohlen.*

*Marie-Marei will Braten machen,
fehlt noch das Gänschen;
nimmt sie sich die Pudelmütze
von klein Bruder Fränzchen.
Hat sie's Gänschen.*

*Hei, mit diesen Wunderdingen
muss der Braten wohl gelingen;
bitte zu Tisch!«*

Kleider machen Leute

»Kleider machen Leute«, so lautet eine Novelle des Dichters Gottfried Keller über einen armen Schneider, der sich trotz seiner Armut stets gut kleidet und daraufhin in einer fremden Stadt für einen Grafen gehalten wird.

Kleidung sorgt also für einen ersten Eindruck und kann auch eine bestimmte Haltung oder Einstellung transportieren – Rocker tragen etwa Lederhosen und -jacken. Es lässt es auch wunderbar verkleiden, wenn man mal in eine neue Rolle »schlüpfen« möchte.

Ideen für die Speisekarte

Es gibt einige Gerichte, die vom Namen her etwas mit Kleidung im weiteren Sinne zu tun haben. Welche kennen die Teilnehmenden? Welche Speisen verbergen sich hinter den Namen?

Beispiele:
- Serviettenknödel
- Würstchen im Schlafrock
- Maultasche

Märchenstunde

Lesen Sie Ihren Teilnehmern doch einfach mal das Märchen »Des Kaisers neue Kleider« vor. In diesem Märchen will der Kaiser ständig neue Kleider und wird am Ende wegen seiner Eitelkeit bloßgestellt.
Oder Sie erzählen mal wieder das »Aschenputtel«, in dem es auch um einen Kleiderwechsel geht. Dieser Wechsel macht aus einem Aschenputtel eine Prinzessin und erzählt außerdem von Neid und Missgunst.

In den einzelnen Märchen finden sich immer wieder große **»Lebensthemen«**, die jedem von uns schon begegnet sind: Liebe, Vertrauen, Hass, Neid, Sicherheit, Hoffnung usw. Vielleicht ergibt sich aus einer Märchenstunde noch eine gemeinsame Erzählstunde, in der alle von ihren Erlebnissen mit ihren Lebensthemen berichten.

Modenschau

Nutzen Sie die folgenden Fragen, um eine biografische Gesprächsrunde einzuläuten.
- Wo wurde Ihre Kleidung gekauft?
- Haben Sie oder jemand aus Ihrer Familie die Kleidung selbst genäht?
- Wurde bei Ihnen zu Hause die Kleidung aufgetragen oder weitervererbt, vielleicht von älteren Geschwistern, Verwandten oder Bekannten?
- Welche Kleidung haben Sie wochentags getragen?
- Welche Kleidung war den Sonntagen oder Feiertagen vorbehalten?
- Was haben Sie als Kind zur Schule getragen?
- Hatten Sie ein Lieblingskleidungsstück oder Lieblingsschuhe?
- Hatten Sie eine Farbe, die Sie gerne getragen haben?
- Können Sie sich an ein besonders wichtiges Kleidungsstück erinnern, beispielsweise Ihre erste Jeans, das Kleid zum Abschlussball oder an den ersten Anzug?

Drei-Ecken-Hut

Singen Sie mit den Teilnehmern das alte Volkslied »Mein Hut, der hat drei Ecken«.

»Mein Hut, der hat drei Ecken,
Drei Ecken hat mein Hut.
Und hätt er nicht drei Ecken,
So wär es nicht mein Hut.«

Beim Singen dieses Liedes sollen die Schlüsselwörter Strophe für Strophe durch Gesten unterstrichen werden:
- **mein** — mit dem Zeigefinger auf sich selbst zeigen
- **Hut** — sich an den Kopf oder die imaginäre Hutkrempe fassen
- **drei** — drei Finger ausstrecken
- **Ecken** — den Ellenbogen mit der Hand berühren
- **nicht** — Kopfschütteln

Wäschetrommel

Die Wäsche kommt aus der Trommel und muss erst einmal sortiert werden. Bei unserem Suchbild ist auch etwas durcheinander geraten: die Buchstaben!

Lassen Sie die Teilnehmer die verdrehten Worte wieder in die richtige Reihenfolge bringen.

ELTMAN

KROC

LIDEK

HESO

ECKJA

SELUB

Auflösung siehe S. 70

Selbst gedichtet

Dichten Sie mit den Teilnehmern neue Strophen zu dem Lied »Mein Hut, der hat drei Ecken«. Möglich sind alle einsilbigen Wörter, die Kleider bezeichnen. Also: Hemd, Kleid, Rock, Schal, Tuch, Schuh, Frack usw.

Beispiele:
- Mein Hemd, das hat vier Knöpfe, vier Knöpfe hat mein Hemd. Und hätt' es nicht vier Knöpfe, so wär es nicht mein Hemd.
- Mein Rock, der hat fünf Falten, fünf Falten hat mein Rock. Und hätt' er nicht fünf Falten, so wär er nicht mein Rock.
- Mein Kleid, das hat sechs Farben, sechs Farben hat mein Kleid. Und hätt es nicht sechs Farben, so wär es nicht mein Kleid.

Kleider-Quiz

Spielen Sie gemeinsam das Kleider-Quiz! Welche Begriffe kennen die Teilnehmer und welche müssen sie erraten?

Fragen	Antworten
Was ist ein Muff?	ein Handwärmer
Was für ein Kleidungsstück ist eine Kreissäge?	ein Strohhut
Wo werden Lederhosen getragen?	unter anderem in Bayern und Österreich
Welche Stoffarten kennen Sie?	z. B. Baumwolle, Seide, Cord, Samt, Leinen, Schurwolle, Polyester, Chintz, Viskose usw.
Mit welchem Waschutensil kann auch Musik gemacht werden?	mit einem Waschbrett

Fragen	Antworten
Was für Kopfbedeckungen kennen Sie?	z. B. Zylinder, Melone, Strohhut, Regenhut, Damenhut, Schlapphut, Cowboyhut, Schirmmütze, Wollmütze usw.
Was ist ein Poncho?	ein Umhang aus Südamerika
Was ist eine Stola?	ein Schultertuch
Wann trägt man einen Friesennerz?	bei Regen
Wer trägt einen Kilt?	die Schotten
Womit werden traditionell Brautschuhe bezahlt?	mit Pfennigen oder Cent
Was ist ein Petticoat?	ein Unterrock
Was versteht man unter einem Vatermörder?	einen steifen Kragen
Was sind Liebestöter?	lange Unterhosen
Wer trägt einen Talar?	Professoren, Juristen und Geistliche
Wo werden Dirndl getragen?	in Süddeutschland

Hutschau

Eine schöne Idee für eine Kreativrunde ist das Gestalten von Hüten.
- Verteilen Sie an alle Teilnehmer Pappteller (auch gerne bunte).
- Das Mittelteil der Teller wird nun herausgeschnitten, sodass nur ein Ring bestehen bleibt. Dieser kann nun als Hutkrempe auf dem Kopf getragen werden, ohne dass er herunterrutscht.
- Die Hutkrempe wird jetzt nach Lust und Laune dekoriert: mit Bändern, Papierblumen, Papierkugeln, Perlen und Farbe. Es können auch kleine Gegenstände aufgeklebt oder die Krempe durch das Ankleben von Pappe vergrößert werden.
- Nachdem alle Hüte fertig sind, werden Fotos gemacht und jeder Künstler, jedes Modell kann die eigene Hutkreation gerne beim nächsten Fest tragen.

Erinnern

Bringen Sie alte Modehefte mit und geben Sie sie in die Runde. Lassen Sie die Teilnehmer darin in Ruhe stöbern. Ermuntern Sie sie auf den alten Fotos besondere Kleidungsstücke zu identifizieren und darüber zu sprechen.

Nutzen Sie ggf. die folgenden Fragen als Gesprächseinstieg:
- Zu welchen Gelegenheiten hat man das getragen?
- Woher kennen Sie das?
- Haben Sie auch früher so etwas getragen?
- Wie hat es sich angefühlt dieses Kleidungsstück zu tragen?

Zeit für Bewegung – ein Hut, ein Stock, ein Regenschirm

Haben Sie Spaß beim gemeinsamen Bewegungs-Sing-Spiel! Eigentlich wird es während des Laufens gemacht – es funktioniert aber auch ganz wunderbar im Sitzen!
- Die Teilnehmer sitzen aufrecht auf einem Stuhl. Es ist ausreichend Platz vorhanden, damit die Arme hin und her schwingen können und die Füße einen Bewegungsradius haben.
- Sie geben den Takt vor und zählen laut: »Und 1, und 2, und 3, und 4, und 5, und 6, und 7, und 8, und 9, und 10.«
- Dem Takt folgend werden Laufbewegungen nachgeahmt. Die Arme schwingen dabei mit.
- Dann sagen Sie im gleichen Takt: **ein Hut, ein Stock, ein Regenschirm**. Die Teilnehmer halten inne oder winken mit dem rechten Arm.
- Jetzt geben Sie das Kommando: »**vorwärts, rückwärts, seitwärts, ran.**«
- Dabei stellen die Teilnehmer den rechten Fuß nach vorne, dann nach hinten und zur Seite und wieder an den anderen Fuß heran.
- Sie wiederholen alles. Im zweiten Durchgang winkt der linke Arm und der linke Fuß wird nach vorne, nach hinten, zur Seite und ran gestellt.

Kleider ABC

Die Teilnehmer sollen nun zu (fast) jedem Buchstaben ein Kleidungstück finden. Lassen Sie die Teilnehmer die Buchstaben vielleicht aus einem Hut oder einer Handtasche ziehen.

Beispiele:
- **A:** Anzug, Anorak, Abendkleid
- **B:** Bluse, Bademantel, Bundfaltenhose
- **C:** Caprihose, Cape
- **D:** Dirndl, Damenhut, Daunenjacke
- **E:** Etuikleid, Einstecktuch, Einreiher
- **F:** Fellmütze, Filzhut, Frack
- **G:** Gamaschen, Gummistiefel, Gürtel
- **H:** Hemd, Handschuhe, Hosenrock
- **J:** Jacke, Jogginghose, Jeans
- **K:** Kniebundhose, Kopftuch, Krawatte
- **L:** Leibchen, Latzhose, Lederjacke
- **M:** Mantel, Mütze, Minirock
- **N:** Nachthemd, Nickituch, Norwegerpulli
- **O:** Overall, Ohrenwärmer, Oberhemd
- **P:** Pyjama, Pulli, Pudelmütze
- **R:** Rock, Rüstung, Regenhose
- **S:** Sakko, Schal, Stöckelschuhe
- **T:** T-Shirt, Trachtenjacke, Turnschuhe
- **U:** Unterhose, Umhang, Unterrock
- **V:** Velourlederjacke
- **W:** Weste, Wickelrock, Wintermantel
- **Z:** Zipfelmütze, Zylinder

Krawatte

Bringen Sie für jeden Teilnehmer eine Krawatte mit: Wer kann eine Krawatte binden? Üben Sie zusammen und binden Sie die Krawatten unter gemeinsamer Anleitung.

Märchen und Geschichten

Märchen regen die Fantasie an und vermitteln Lebensweisheiten auf eine hintergründige Art und Weise. Doch auch ohne diesen Hintergrund sind sie unterhaltsam und erinnern vielfach an vergangene Zeiten, als die Teilnehmer selbst ihren Kindern oder Enkelkindern Märchen erzählt oder vorgelesen haben.

Märchenstunde

Nutzen Sie die folgenden Fragen, um eine biografische Gesprächsrunde einzuläuten:
- Welche Märchen sind Ihnen bekannt?
- Wer hat Sie Ihnen erzählt oder vorgelesen?
- Haben Sie ein Lieblingsmärchen oder ein bestimmtes Märchen, was Sie an Ihre Kindheit erinnert?
- Haben Sie selbst Märchen vorgelesen, vielleicht Ihren jüngern Geschwistern, Kindern oder den Enkeln?
- Welche Märchenschreiber kennen Sie?

Märchenschreiber

Es gibt eine Vielzahl von Märchen und viele Märchenschreiber. Die bekanntesten sind Hans Christian Andersen, Wilhelm Hauff und die Gebrüder Grimm.
Welche Märchen haben sie geschrieben? Wer weiß es?

→ **Hans Christian Andersen:** z. B. »Des Kaisers neue Kleider«, »Das hässliche Entlein«, »Die Prinzessin auf der Erbse«, »Die kleine Meerjungfrau«, »Die Schneekönigin«

→ **Willhelm Hauff:** z. B. »Der kleine Muck«, »Zwerg Nase«, »Kalif Storch«, »Das Gespensterschiff«

→ **Gebrüder Grimm:** z. B. »Rotkäppchen«, »Hänsel und Gretel«, »Rapunzel«, »Frau Holle«, »Das tapfere Schneiderlein«, »Der Froschkönig«, »Schneewittchen«

Tischlein-deck-Dich

In diesem Grimm'schen Märchen tauchen drei Wunderdinge auf:
1. Der Goldesel, der Gold spuckt so oft man es ihm sagt.
2. Der Knüppel aus dem Sack, der jeden Bösewicht so richtig verprügelt.
3. Das Tischlein deck Dich. Der Besitzer dieses Tischchens kann sich damit jede Speise wünschen, die er gerne hätte.

Diskutieren Sie die Wunderdinge aus dem Märchen unter den folgenden Fragestellungen:
1. Wofür würden Sie das Gold/Geld verwenden?
2. Wem würden Sie eine Tracht Prügel verpassen?
3. Was würde auf Ihrem Tisch landen?

Wer weiß es noch?

- Stellen Sie ein Tablett mit ein paar Alltagsgegenständen bereit. Vielleicht eine Tasse, ein Glas, eine Gabel, ein Buch, ein Wollknäul, eine Puppe usw. Es sollten nicht mehr als zehn Gegenstände sein.
- Halten Sie ein ausreichend großes Tuch bereit, mit dem Sie das Tablett abdecken können.
- Nun zeigen Sie den Teilnehmern das Tablett und die Sachen, die sich darauf befinden. Alle sollen sich die Dinge anschauen und merken.
- Jetzt nehmen Sie das Tablett zur Seite, decken es ab und entfernen einen der Gegenstände (ohne, dass die Teilnehmer sehen, um welchen Gegenstand es sich handelt) und stellen es wieder auf den Tisch.
- Entfernen Sie das Tuch und die Teilnehmer sollen erkennen, welcher Gegenstand fehlt.

Tipps:
- Passen Sie die Anzahl der Dinge den Fähigkeiten der Teilnehmer an. Bei stärker kognitiv beeinträchtigten Teilnehmern reichen schon vier Gegenstände zur Auswahl auf dem Tablett. Wichtig: Es darf kein Frust aufkommen!
- Lassen Sie die Teilnehmer die Gegenstände in die Hände nehmen und besprechen Sie den Sinn und Zweck der einzelnen Sachen.

Zeit für Bewegung – Hänsel und Gretel

Dies ist die Geschichte der Gebrüder Grimm über zwei Geschwister, die aus Not von ihren Eltern verstoßen werden, bei einer Hexe landen und schließlich glücklich und mit Reichtümern versehen wieder nach Hause finden.
In der Oper »Hänsel und Gretel« gibt es ein bekanntes Singspiel, bei dem das Gesungene mit Bewegungen untermalt wird.

Singen Sie mit den Teilnehmern das Lied und bewegen sich in entsprechender Form zu den Strophen:
- *»Brüderchen, komm tanz mit mir. Beide Hände reich ich dir. Einmal hin, einmal her, rundherum, das ist nicht schwer.*
- *Mit den Händen klapp, klapp, klapp, mit den Füßen trapp, trapp, trapp! Einmal hin, einmal her, rundherum, das ist nicht schwer.*
- *Mit dem Köpfchen nick, nick, nick, mit den Fingern tick, tick, tick! Einmal hin, einmal her, rundherum, das ist nicht schwer.*
- *Ei, das hast du gut gemacht, ei, das hätt' ich nicht gedacht. Einmal hin, einmal her, rundherum, das ist nicht schwer.*
- *Noch einmal das schöne Spiel, weil es mir so gut gefiel. Einmal hin, einmal her, rundherum, das ist nicht schwer.«*

Tipp:
Reichen Sie doch nach der Bewegungseinheit ein paar Leckereien, die sich Hänsel und Gretel nach ihrer glücklichen Rückkehr zum Vater auch gewünscht hätten: Kekse, kleingeschnittenes Obst, ein Stück Schokolade oder eine Praline.

Der Fischer und seine Frau

In diesem Märchen der Brüder Grimm rettet ein armer Fischer einem besonders schönen Butt das Leben und wirft ihn wieder ins Meer. Deshalb kann der Fischer sich nun von dem Butt etwas wünschen.

Was würden sich Ihre Teilnehmer wünschen, wenn sie einen Wunsch frei hätten? Fragen und sprechen Sie mit den Teilnehmern über ihre Wünsche – vielleicht lassen sich kleine Wünsche ja erfüllen?!

Das tapfere Schneiderlein

Der Schneider, dieses Kerlchen der Gebrüder Grimm, war ein richtiger Aufschneider: Sieben auf einen Streich hätte er erlegt, so erzählte er es überall herum. Dabei ließ er jeden in dem Glauben, es wären Krieger gewesen.
In Wahrheit waren es jedoch Fliegen, die er mit der Fliegenklatsche erschlug, als sie sich an seinem Brot gütlich tun wollten. So erweckte er den Eindruck, besonders mutig und stark zu sein.

Lassen Sie die Teilnehmer nun Steigerungsformen finden und auch mal ein bisschen übertreiben. Die Steigerungsform soll dabei ein zusammengesetzter Begriff aus dem Eigenschaftswort und einer dazu passenden Zuschreibung, inhaltlichen Verknüpfung sein, beispielsweise: nass – nasser – **pudel**nass.

- groß – größer – **riesen**groß
- stark – stärker – **bären**stark
- süß – süßer – **zucker**süß
- kalt – kälter – **bitter**kalt
- weit – weiter – **meilen**weit
- rot – roter – **feuer**rot
- schön – schöner – **wunder**schön
- schnell – schneller – **pfeil**schnell
- klein – kleiner – **klitze**klein
- still – stiller – **mucksmäuschen**still

Die Prinzessin auf der Erbse

In dem Märchen von Hans Christian Andersen schläft eine Prinzessin schlecht, weil unter ihre Matratzen eine Erbse gelegt wurde. Dies tat ein Prinz, um zu testen, ob sie eine wahre Prinzessin ist.
Da passt das Sprichwort: Wie man sich bettet, so liegt man.

Lassen Sie die Teilnehmer die Sprichworte vervollständigen und regen Sie zum Gespräch über die inhaltlichen Aussagen der Sprichwörter an.

Sprichwort	Anregung zum Gespräch
Kindermund, … **tut Wahrheit kund.**	Haben Sie schon einmal erlebt, dass Kinder einfach geplappert haben, wie ihnen der Schnabel gewachsen ist?
Der Apfel … **fällt nicht weit vom Stamm.**	Sind die Teilnehmer dem Vater oder der Mutter ähnlich?
Wer anderen … **eine Grube gräbt, fällt selbst hinein.**	Ist den Teilnehmern schon einmal so etwas passiert?
Wie gewonnen, … **so zerronnen.**	Haben die Teilnehmer schon einmal etwas verloren?
Was ich nicht weiß, … **macht mich nicht heiß.**	Möchten die Teilnehmer lieber nicht alles ganz genau wissen oder informieren sie sich immer bestens?
Was lange währt, … **wird endlich gut.**	Mussten die Teilnehmer schon einmal lange auf etwas warten?
Es ist nicht alles Gold, … **was glänzt.**	Manchmal trügt der Schein – was fällt den Teilnehmern dazu ein?
Andere Länder, … **andere Sitten.**	Welche Sitten kennen die Teilnehmer?
Aller guten Dinge … **sind drei.**	Welche drei Dinge sind den Teilnehmern wichtig?

Rotkäppchen

In diesem Märchen der Gebrüder Grimm wird die Enkelin von der Mutter zur Großmutter geschickt, um ihr Kuchen und Wein zu bringen. Leider begegnet sie auf dem Weg dorthin dem bösen Wolf.

Zu einer Familie gehören viele unterschiedliche Menschen. Die Teilnehmer sollen mal überlegen, um wen es sich handelt.
- Wer ist eigentlich der Vater meines Vaters?
  → mein Großvater
- Wer ist eigentlich die Tochter meiner Mutter?
  → meine Schwester
- Wer ist eigentlich die Tochter meiner Schwester?
  → meine Nichte
- Wer ist eigentlich der Sohn meiner Tochter?
  → mein Enkelsohn
- Wer ist eigentlich der Sohn meines Onkels?
  → mein Cousin
- Wer ist eigentlich der Mann meiner Schwester?
  → mein Schwager
- Wer ist eigentlich die Schwester meines Vaters?
  → meine Tante
- Wer ist eigentlich der Bruder meiner Mutter?
  → Mein Onkel

Wer ist eigentlich die Frau meines Vaters?
  → Meine Mutter

Fragen zur Biografiearbeit:
- Was bedeutet Familie für Sie?
- Haben Sie eine große Familie?
- Haben Sie Geschwister und wenn ja, wie viele?
- Haben Sie Ihre Großeltern kennengelernt?
- Wohnen Ihre Familienangehörigen in Ihrer Nähe?
- Haben Sie früher richtige Familientreffen oder -feiern gemacht?

Der Froschkönig

In diesem Grimm'schen Märchen spricht der Diener des erlösten Königssohnes, der treue Heinrich, zu seinem Herrn in Reimen.
Er sagt: »*Es war das Band von meinem Herzen, das da lag in großen Schmerzen, als ihr in dem Brunne saßt und ein Frosche wart.*«

Nun sollen die Teilnehmer reimen und zu den genannten Wörtern passende Reimwörter finden:
- **Band** — Sand, Hand, Schand, Wand, Rand, Stand, Land
- **Blau** — Frau, Sau, Schau, Tau, Pfau, rau, lau, genau, Stau
- **Traum** — Saum, Flaum, Raum, Schaum, Baum, kaum
- **Rose** — Dose, Soße, Hose, Lose, Pose, Moose, Mimose, Schose
- **Kugel** — Pudel, Rudel, Strudel, Sprudel, Rubel, Nudel
- **Gold** — tollt, rollt, wollt, schmollt, sollt, zollt

Schneewittchen

In diesem Grimm'schen Märchen erfährt die böse Stiefmutter von ihrem Spiegel, dass nicht sie, sondern Schneewittchen die Schönste im ganzen Land ist.
Schaut man in einen Spiegel, sieht man alles spiegelverkehrt. Das kann manche Dinge ganz schön schwierig machen.

Verteilen Sie den Spiegelbogen von Seite 29 als Kopie und lassen Sie die Teilnehmer Paare finden. Jede Form von der linken Seite hat eine gespiegelte Variante auf der rechten Seite. Welche gehören zusammen?

Märchen und Geschichten 29

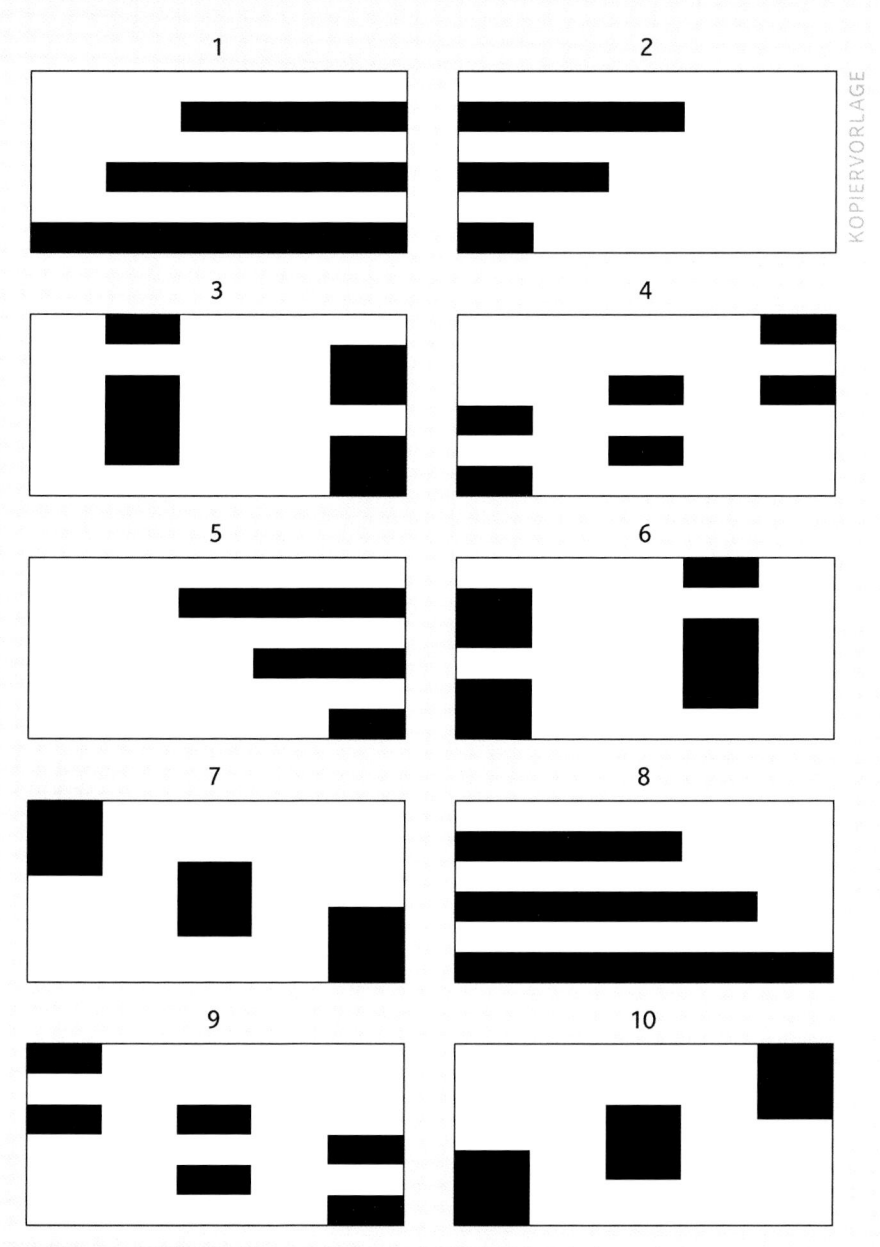

Auflösung siehe S. 70

Rumpelstilzchen

In diesem Märchen der Gebrüder Grimm spielen Namen eine große Rolle, denn wenn die Königin den Namen des Rumpelstilzchens errät, darf sie ihr Kind behalten. Also zieht sie übers Land und sucht alle Namen, die bekannten und die unbekannten.

Geben Sie in alphabetischer Reihe Buchstaben vor. Zu jedem Buchstaben sollen kurze Sätze gebildet werden, die einen weiblichen Vornamen, einen männlichen Vornamen und eine Tätigkeit enthalten, die die beiden Personen (Mann und Frau) ausführen.

Beispiele:
A: Adele und August angeln.
B: Berta und Bodo backen.
C: Clara und Cesar campen.
D: Doro und Dieter duschen.
E: Erna und Ernst erzählen.
F: Friederike und Fabian futtern.
G: Gertrud und Gustav gärtnern.
H: Hanni und Hansi häkeln.
I: Ilse und Ingolf imkern.
J: Johanna und Jens jodeln.
K: Klara und Kurt knüpfen.
L: Lena und Lars lachen.
M: Martha und Michael malen.
N: Nina und Norbert nähen.
O: Olga und Otto ordnen.
P: Petra und Paule puzzeln.
Q: Quila und Quentin quengeln.
R: Rita und Rüdiger rätseln.
S: Susi und Steffen schwimmen.
T: Trude und Theo träumen.
U: Ulla und Ulrich untersuchen.
V: Vera und Valentin verstecken.
W: Wanda und Wilhelm weben.
Z: Zora und Zacharias zaubern.

Frau Holle

In diesem Grimm-Märchen treten zwei Schwestern auf, die unterschiedlicher nicht sein könnten: Die eine ist hübsch, freundlich und fleißig, die andere hässlich, mürrisch und faul – aber die Lieblingstochter der Mutter. Sie genießt sämtliche Vorzüge während die schöne, fleißige Schwester nur ausgenutzt wird.

Lesen Sie den Teilnehmern die folgenden Eigenschaftswörter vor und lassen Sie sie den jeweiligen Gegensatz finden.

Eigenschaft	Gegensatz
schnell	langsam
groß	klein
laut	leise
hell	dunkel
großzügig	geizig, kleinlich
dumm	klug
gesund	krank
krumm	gerade
bunt	einfarbig
aufregend	langweilig
hoch	tief, niedrig
nass	trocken
eckig	rund
viel	wenig

Musik

Musik berührt uns im Innersten, öffnet unsere Herzen und erinnert uns an schöne, glückliche oder auch traurige Momente. Daher kann Musik besonders gut auch für die Aktivierung von Demenzbetroffenen eingesetzt werden. Orientieren Sie sich am Geschmack der Senioren und passen Sie sich an ihren Musikgeschmack an.

Hitparade

Nutzen Sie die folgenden Fragen, um eine biografische Gesprächsrunde einzuläuten:
- Welches ist Ihre Lieblingsmusik oder welche Musikrichtung mögen Sie?
- Wie heißen Ihre Lieblingssänger und -sängerin?
- Hatten Sie ein Grammophon, einen Plattenspieler oder haben Sie Musik aus dem Radio gehört?
- Wo und wann haben Sie Musik gehört?
- Mit wem sind Sie gerne ins Konzert oder die Oper gegangen?
- Was haben Sie zu Konzerten getragen, wie waren Sie gekleidet?
- Waren Sie vielleicht in einem Chor oder singen Sie gerne unter der Dusche?

Zeit für Bewegung – musikalische Bewegungsrunde

Pantomimisch sollen nun verschiedene Instrumente vorgestellt werden. Verteilen Sie dafür Karten, auf denen die einzelnen Instrumente notiert oder als Fotografie abgebildet sind. Der Teilnehmer soll das Instrument »seiner« Karte nun pantomimisch darstellen, während die anderen raten, um welches Instrument es sich handelt.
Gut darstellbare Instrumente sind: Trommel, Flöte, Geige, Gitarre, Klavier, Posaune, Ziehharmonika, Harfe, Mundharmonika, Triangel usw.

Tipp:
Alternativ können Sie auch die Instrumente vorgeben und alle Teilnehmer ahmen das Spielen der jeweiligen Instrumente gemeinsam nach.

Instrumentenkunde

Musikinstrumente können unterschieden werden nach ihrer Art der Benutzung oder der Art wie sie hergestellt sind. Es gibt zum Beispiel Blasinstrumente, Schlaginstrumente, Streichinstrumente, Tastinstrumente und Zupfinstrumente.
Welche Beispiele für die unterschiedlichen Arten kennen Ihre Teilnehmer?

Beispiele:
- **Blasinstrumente:** Flöte, Tuba, Horn, Saxophon, Klarinette, Trompete, Oboe, Fagott, Panflöte, Mundharmonika, Trillerpfeife usw.
- **Schlaginstrumente:** Pauke, Triangel, Glockenspiel, Xylophon, Tamburin, Trommel, Becken usw.
- **Streichinstrumente:** Geige, Bratsche, Kontrabass, Violine usw.
- **Tastinstrumente:** Klavier, Orgel, Piano, Harmonium, Cembalo, Akkordeon usw.
- **Zupfinstrumente:** Mandoline, Gitarre, Banjo, Harfe, Leier, Zither, Ukulele usw.

Liederbuch

Gestalten Sie mit den Teilnehmern ein eigenes und besonderes Liederbuch.
Dafür suchen Sie gemeinsam mit den Teilnehmern Lieder aus, die allen besonders gut gefallen. Die Texte finden Sie im Internet; Sie können sie ausdrucken, ausschneiden und auf Tonkarton aufkleben. Schön sieht es aus, wenn jedes Lied eine eigene Farbe erhält.
Die Teilnehmer malen nun zu jedem ausgesuchten Lied ein Bild, erstellen eine Collage oder machen ein Foto oder, oder, oder. Die fertigen Kunstwerke werden nun auch auf farbigen Karton geklebt und zu den jeweiligen Liedern sortiert.
Nun werden alle Seiten in einen Ordner eingeheftet, der auch schön gestaltet werden kann. Fertig ist das ganz private Liederbuch!

Tipp:
Wenn Sie die einzelnen Seiten laminieren, erhöht das die Haltbarkeit.

Gedicht

Lesen Sie zusammen mit den Teilnehmern das Gedicht von Wilhelm Busch. Diskutieren Sie darüber, was Busch gemeint hat.

Gemartert
»Ein gutes Tier, ist das Klavier,
still, friedlich und bescheiden
und muß dabei, doch vielerlei
erdulden und erleiden.

Der Virtuos stürzt darauf los
mit hochgesträubter Mähne.
Er öffnet ihm, voll Ungestüm
den Leib, gleich der Hyäne.

Und rasend wild, das Herz erfüllt
von mörderischer Freude,
durchwühlt er dann, soweit er kann,
des Opfers Eingeweide.

Wie es da schrie, das arme Vieh,
und unter Angstgewimmer
bald hoch, bald tief, um Hilfe rief,
vergeß' ich nie und nimmer.«

Ideen für die Speisekarte

Heute gibt es für alle »Handkäs mit Musik« und als Nachtisch Mozartkugeln.

Musik-Quiz

Frage	Antwort
Was ist eine Triangel?	ein kleines dreieckiges Schlaginstrument
Welche Instrumente gibt es im Orchester?	Geige, Flöte, Harfe, Pauke, Trompeten, Bratsche, Klarinette usw.
Wie viele Linien hat ein Notenblatt?	5
Was versteht man unter einem Trio?	eine Gruppe aus drei Musikern
Welches Zupfinstrument spielt man häufig in Süddeutschland?	die Zither
Wer war Mozart?	ein Komponist
Welches ist die höchste Frauenstimme im Chor?	der Sopran
Welches ist die höchste Männerstimme im Chor?	der Tenor
Was ist ein Xylophon?	ein Schlaginstrument bestehend aus Holzstäben
Wer wurde als der »King of Rock 'n' Roll« bezeichnet?	Elvis Presley
Mit welcher Gabel kann man nicht essen?	mit der Stimmgabel
Mit welchem Instrument wurde Luis Armstrong weltberühmt?	mit der Trompete
Mit welchem Instrument wurde Helmut Zacharias bekannt?	mit der Geige

Volkslieder raten

Geben Sie den ersten Teil des Textes der bekannten Volkslieder vor und die Teilnehmer sollen ihn vervollständigen.
- Das Wandern — ist des Müllers Lust.
- Im Frühtau zu Berge — wir zieh'n fallera.
- Ach, du lieber — Augustin, Augustin, Augustin.
- Der Mai — ist gekommen, die Bäume schlagen aus.
- Kommt ein Vogel — geflogen, setzt sich nieder auf deinen Fuß.
- Kein schöner Land — in dieser Zeit.
- Hoch auf — dem gelben Wagen.
- Bruder Jacob, Bruder Jakob, — schläft Du noch?
- Ein Männlein — steht im Walde, ganz still und stumm.
- Es klappert die Mühle — am rauschenden Bach, klipp-klapp, klipp-klapp, klipp-klapp.
- Es tönen die Lieder, — der Frühling kehrt wieder.

Variationen:
- Wenn Sie erst den zweiten Teil des Textes vorgeben, wird es schwieriger.
- Schreiben Sie den ersten Teil des Textes auf einen Zettel, den anderen Teil auf einen anderen Zettel. Die Zettel werden auf dem Tisch verteilt und sollen von den Teilnehmern passend zusammen gesucht werden.
- Die gesuchten Lieder können dann natürlich gemeinsam gesungen werden.

Musik | 37

Versteckte Instrumente

Finden Sie zusammen mit den Teilnehmern die Musikinstrumente, die sich hier versteckt haben. Die Wörter können dabei von links nach rechts, von oben nach unten stehen.

T	R	O	M	P	E	T	E	Ü	T
U	Y	L	Z	A	X	V	V	Ä	R
Q	T	R	T	U	B	A	V	Ö	I
B	C	C	N	K	G	I	D	P	A
E	B	J	G	E	I	G	E	J	N
C	F	F	F	I	P	Ü	Ö	Q	G
K	L	A	V	I	E	R	X	Y	E
E	B	M	N	V	G	T	P	S	L
N	T	P	P	H	A	R	F	E	Ä

KOPIERVORLAGE

Tipp:
Gesucht werden: Klavier, Triangel, Tuba, Trompete, Geige, Pauke, Becken, Harfe

Auflösung siehe S. 70

Sängerrätsel

Geben Sie den Teilnehmern die Hinweise zu den gesuchten Sängerinnen und Sängern. Wer weiß, wer gemeint ist?

Beispiele:
- Sie wurde am 15. Februar 1947 geboren.
- Sie wurde in Oslo geboren.
- Mit 13 Jahren gewann sie einen Talentwettbewerb.
- 1966 sang sie den offiziellen WM Song der Skiweltmeisterschaft.
- Sie hat vier Kinder.
- Sie nahm am Grand Prix Eurovision teil und belegte den sechsten Platz.
- In den 1960iger-Jahren gehörte sie zu den Teenager-Idolen.
- 1970 spielte sie in ihrem einzigen Film die Hauptrolle.
- Der Film hieß: Unsere Pauker gehen in die Luft.
- Mit zwei Kolleginnen tritt sie noch immer erfolgreich auf.
- In einem ihrer Lieder warnt sie davor, in jeden Apfel zu beißen.
- → **Gesucht wird Wencke Myhre.**

- Er wurde am 8. Januar 1935 geboren.
- Er wurde in Mississippi geboren.
- Die Eltern waren sehr arm. Sein Vater war Landarbeiter, seine Mutter arbeitete in einer Textilfabrik.
- Nach Beendigung der Schule arbeitete er als Elektriker.
- Seit frühester Jugend sang er im Kirchenchor.
- Mit zehn Jahren bekam er eine Gitarre geschenkt, das Spielen brachte er sich selber bei.
- 1953 nahm er seine erste Platte auf.
- Bis 1960 hatten sich seine Lieder millionenfach verkauft.
- Er wurde von der Jugend verehrt und galt als Star des Rock 'n' Roll.
- Auch als Schauspieler wurde er bekannt.
- Er zeigte einen besonderen Tanzstiel.
- In den 1970er-Jahren litt er an Übergewicht und Tablettenabhängigkeit.
- → **Gesucht wird Elvis Presley.**

- Sie wurde am 19. Mai 1942 geboren.
- Ihr Geburtsland war Memelland.
- Ihr richtiger Name war Doris Nefedov.
- Früh brachte sie sich selbst das Gitarrespielen bei.
- Mit 17 Jahren wollte sie Modedesignerin werden.
- Sie zog mit ihrer Mutter nach Hamburg, um die Meisterschule für Mode zu besuchen.
- In dieser Zeit hielt sie sich mit Gelegenheitsjobs über Wasser.
- Mit 19 Jahren heiratete sie einen 30 Jahre älteren Mann.
- Mit 20 Jahren bekam sie ihren Sohn.
- Nachdem die Ehe scheiterte, nahm sie Gesangsunterricht.
- Auf Grund ihrer rauchigen Stimme wurde man auf sie aufmerksam.
- Mit 25 Jahren hatte sie ihren Durchbruch mit einem Lied über einen »Zigeunerjungen«.
- Ihr Erfolg machte sie nicht glücklich.
- 1969 starb sie bei einem Autounfall.
→ **Gesucht wird Alexandra.**

Verliebt – verlobt – verheiratet

Die Liebe, der erste Kuss und das Gefühl der Schmetterlinge im Bauch – all das sind unvergessliche Momente im Leben eines Menschen. Denn die Liebe beschäftigt uns unser Leben lang, sie ist Motor und Glück, kann Anlass für Verzweiflung sein und manchmal »blind machen«.

Erste Liebe

Nutzen Sie die folgenden Fragen, um eine biografische Gesprächsrunde einzuläuten.
- Können Sie sich an Ihre erste große Liebe erinnern – wie war das?
- Gab es eine besondere Gelegenheit, bei der Sie sich kennenlernten?
- Glauben Sie an die Liebe auf den ersten Blick?
- Wie haben Sie sich die gegenseitig Liebe gestanden?

Geheime Liebesbotschaft

Früher war es Verlobten oft nicht gestattet, zusammenzuleben. Nur mit Trauschein war dies erlaubt. Jeder saß in seinem Zimmer und vermisste den anderen. Also schrieb man sich hübsch geschriebene, oft verzierte Briefe.
Teilweise mussten sich die Liebenden versteckt ihre Nachrichten überbringen oder ein Vertrauter wurde mit dieser Aufgabe betraut – alles war sehr geheim!

Bereiten Sie eine hübsche Karte vor. In die Karte legen Sie das Liebesgedicht von August Heinrich Hoffmann von Fallersleben. Für diejenigen, die es etwas schwieriger haben möchten, ist es ein weiteres Mal in Spiegelschrift geschrieben. Da muss man sich beim Lesen schon sehr konzentrieren!

O glücklich, wer ein Herz gefunden ...

»Oh glücklich, wer ein Herz gefunden,
Das nur in Liebe denkt und sinnt,
Und mit der Liebe treu verbunden
Sein schönes Leben erst beginnt

Wo lebend sich zwei Herzen einen,
Nur eins zu sein in Freud und Leid,
Da muss des Himmels Sonne scheinen
Und heiter lächeln jede Zeit.

Die Liebe, nur die Lieb ist Leben:
Kannst du dein Herz der Liebe weihn,
So hat dir Gott genug gegeben,
Heil dir! Die ganze Welt ist dein!«

Oh glücklich, wer ein Herz gefunden,
Das nur in Liebe denkt und sinnt,
Und mit der Liebe treu verbunden
Sein schönes Leben erst beginnt

Wo lebend sich zwei Herzen einen,
Nur eins zu sein in Freud und Leid,
Da muss des Himmels Sonne scheinen
Und heiter lächeln jede Zeit.

Die Liebe, nur die Lieb ist Leben:
Kannst du dein Herz der Liebe weihn,
So hat dir Gott genug gegeben,
Heil dir! Die ganze Welt ist dein!

KOPIERVORLAGE

Gänseblümchenorakel

Es gibt eine hübsche, natürlich nicht ganz ernst gemeinte Möglichkeit, zu erfahren, ob der oder die Auserwählte die eigenen Gefühle erwidert: das Befragen der Gänseblümchen!
Verteilen Sie den Gänseblümchenbogen. Die Teilnehmer sollen durch Abzählen der Blütenblätter erkennen, ob die Liebe erwidert wird oder nicht. Die Teilnehmer beginnen immer mit: »Er/sie liebt mich ...«.

KOPIERVORLAGE

Siegfriede ist in August verliebt.
Liebt August auch sie? _____

Berta ist in Karl verliebt. Beruht die Liebe auf Gegenseitigkeit? _____

Gustav möchte wissen, ob Klara ihn liebt. _____

Erna fragt das Gänseblümchen, ob ihr Auserwählter Franz auch sie ins Herz geschlossen hat. _____

Wilhelm ist mit Haut und Haar seiner Ilse verfallen. Geht es ihr ebenso? _____

Theo hofft von Linda geliebt zu werden. Was sagt das Gänseblümchen? _____

Auflösung siehe S. 70

Kosenamen

Bei frisch verliebten Paaren hört man häufig, wie sie sich nicht mit ihrem richtigen Namen, sondern mit einem Kosenamen ansprechen. Hatten die Teilnehmer einen Kosenamen oder haben sie ihre Liebsten mit einem solchen angesprochen?
Verteilen Sie das Blatt mit den verdrehten Worten an die Teilnehmer. Welche Kosenamen stehen hier.

TZSACH

PITZAS

NILIZEREH

NERTSNEGUA

ßESÜ

NERCHÄB

GEBLINLI

ESAH

LEERHIN

Auflösung siehe S. 70

Verlobung

Hat sich ein Paar gefunden und entschieden zusammenzubleiben, wird Verlobung gefeiert. Erinnern Sie sich gemeinsam:
- Haben die Teilnehmer ihre Verlobung gefeiert?
- Haben sie für die Verlobung einen besonderen Tag ausgesucht?
- Wie lange kannten sich die Paare, bevor die Verlobung gefeiert wurde?
- Haben die Teilnehmer einen Verlobungsring getragen?

Der Antrag

Nun ist er gekommen, der große Augenblick: Der Heiratsantrag wird gemacht. Auch hier kann man sich zusammen an diese schöne Zeit erinnern:
- Wer machte den Antrag?
- Wurde zuerst bei den Eltern um die Hand angehalten oder beim Partner?
- Wurde die Verbindung von den Eltern bestimmt?
- Auf welche Art wurde der Antrag gestellt?

Nachdem der Antrag angenommen war, wurde die Hochzeit geplant.
- Es sollte ein schönes Fest werden, es sollte ein besonderes Fest werden. War es ein teures Fest? Wie waren die Planungen?
- Wie viele Gäste waren eingeladen?
- Wurde sehr feierlich oder eher rustikal gefeiert?
- Da musste gut gerechnet werden. Wie teuer war zum Beispiel die Hochzeitstorte?

Hochzeitstorte

Verteilen Sie den Hochzeitstortenbogen an die Teilnehmer. In der unteren Reihe stehen Zahlen in Kästchen, die entweder addiert, subtrahiert oder multipliziert werden sollen. Die jeweilige Rechenart steht zwischen den Zahlen.
Rechnen Sie zusammen mit den Teilnehmern immer die nebeneinander stehenden Kästchen aus und notieren Sie das Ergebnis eine Zeile darüber in dem freien Kasten, der zwischen den Zahlen steht. So ergeben sich neue Rechenaufgaben, bis zum Schluss ganz oben eine Zahl, ein Ergebnis übrig bleibt.

Auflösung siehe S. 71

Entführung der Braut

Auf einigen Hochzeitsfeiern ist es üblich, die Braut zu entführen. Der Bräutigam muss sie dann suchen und auslösen – meistens mit einer Lokalrunde.

Lassen Sie jetzt die Teilnehmer suchen. Nicht nur die Braut muss gefunden werden, auch andere Hochzeitsbegriffe verstecken sich im Buchstabenquadrat.

Gesucht werden die folgenden Begriffe: Stammbuch, Liebe, Reis, Bräutigam, Braut, Schleier, Torte, Ja, Antrag, Ringe.

S	T	A	M	M	B	U	C	H	Ü
C	H	N	K	Ö	R	I	N	G	E
H	F	T	D	J	A	S	Y	X	Y
L	Ü	R	Ü	Ä	U	M	N	B	V
E	P	A	O	I	T	O	R	T	E
I	Q	G	E	W	R	T	Z	U	I
E	A	S	D	F	L	I	E	B	E
R	E	I	S	F	F	G	H	J	K
Y	X	C	V	B	N	M	Ä	Ö	L
B	R	Ä	U	T	I	G	A	M	Y

Auflösung siehe S. 71

Hochzeitsbräuche

Welche Hochzeitsbräuche kennen die Teilnehmer noch? Fragen Sie nach und unterhalten Sie sich über die verschiedenen Bräuche und Gepflogenheiten.

Beispiele:
- Reis werfen
- Blumen streuen
- Brautschuhe mit Pfennigen (Cent) bezahlen
- Ehepaare dürfen sich vor der Trauung nicht sehen
- »poltern« am Polterabend mit dem Zerschlagen von Porzellan
- Braut trägt etwas Blaues, etwas Neues, etwas Altes, etwas Geliehenes
- Baumsägen
- die Torte gemeinsam anschneiden
- die Braut über die Schwelle tragen
- den Brautstrauß werfen

Herz-Bild

Lassen Sie jeden Teilnehmer auf einen Papierbogen (ca. 15 x 15 cm) ein Herz malen. Nutzen Sie für das Herz keine Vorlage, denn um am Ende ein schönes Ergebnis zu erhalten, ist es wichtig, unterschiedlich gemalte Herzen zu haben. Wenn nötig, unterstützen Sie beim Zeichnen.
Nun malt jeder Teilnehmer sein Herz mit kräftigen Farben aus. Die Teilnehmer sollten für die Herzfarbe andere Farben als Rot auswählen, sonst wäre es später zu eintönig. Ist das Herz ausgemalt, sucht sich jeder Teilnehmer eine andere Farbe und umrandet das Herz mit dieser Farbe. Abschließend wird der Hintergrund ausgemalt. Dafür sucht sich jeder Teilnehmer wieder eine andere Farbe.
Wenn die Bögen mit den Herzen fertig gestaltet sind, kleben Sie die Bilder nebeneinander und untereinander auf einen großen Bogen Pappe. Die Abstände zwischen den Bildern sollten immer gleich sein.

Rahmen Sie das fertige große Bild und hängen es auf. Ein tolles Gruppenbild ist entstanden.

Ideen für die Speisekarte

Es gibt einige Gerichte, die typisch für ein Hochzeitsmenü sind. Welche kennen die Teilnehmenden? Welche Speisen verbergen sich hinter den Namen?
- Hochzeitssuppe
- Tafelspitz
- Sauerbraten
- »Töttchen« (Kalbfleisch in Zwiebel-Senf-Soße)
- Kuchen mit Liebesperlen
- Bayerische Creme
- Welfenspeise

Gedicht

Lesen Sie zusammen mit den Teilnehmern das Gedicht von Johann Wolfgang von Goethe. Sprechen Sie darüber, welche besonderen Menschen oder Dinge den Teilnehmern in ihrem Leben begegnet sind.

Gefunden

»Ich ging im Walde
So für mich hin,
Und nichts zu suchen,
Das war mein Sinn.

Im Schatten sah ich
Ein Blümchen stehn,
Wie Sterne leuchtend,
Wie Äuglein schön.

Ich wollt es brechen,
Da sagt es fein:
Soll ich zum Welken
Gebrochen sein?

Ich grub's mit allen
Den Würzlein aus.
Zum Garten trug ich's
Am hübschen Haus.

Und pflanzt es wieder
Am stillen Ort;
Nun zweigt es immer
Und blüht so fort.«

Fernsehen

Die Anfänge des Fernsehens liegen in Deutschland in der 1960er-Jahren. Viele Senioren können sich noch gut an diese Zeit erinnern und an die Sendungen und Personen, die über das Fernsehen quasi direkt ins Wohnzimmer gekommen sind.

Anfänge

Nutzen Sie die folgenden Fragen, um eine biografische Gesprächsrunde einzuläuten.
- Können Sie sich erinnern, was Sie als erstes im Fernsehen gesehen haben?
- Wann hatten Sie Ihren ersten Fernseher?
- Wo hat der Fernseher gestanden?
- Wann haben Sie ferngesehen?
- Wann hatten Sie den ersten Farbfernseher?
- Welches waren Ihre Lieblingssendungen?
- Was sehen Sie heute gern im Fernsehen?

Schwarz-Weiß bis Farbe

Früher gab es nur Schwarz-Weiß-Fernsehen. Damals wurde beim Fernsehen oft überlegt und geraten, welche Farben die Gegenstände in den Filmen wohl hatten.

Besorgen Sie farbige Bilder oder Postkarten mit gegenständlichen Motiven. Von diesen Bildern fertigen Sie Schwarz-Weiß-Kopien, die Sie an die Teilnehmer verteilen. Sie sollen nun erahnen, welche Farben die Gegenstände auf den Bildern haben – wie beim Schwarz-Weiß-Fernsehen. Haben sie sich entschieden, zeigen Sie die farbige Variante und lösen das Rätsel auf.

Ideen für die Speisekarte – Speiselotto

Seit 1965 wird im Fernsehen die Lottoziehung übertragen. Jeder, der mitspielt, hofft, dass er gewinnt. In Absprache mit der Küche können heute die Teilnehmer gewinnen. Zwar gibt es kein Geld, dafür aber die Lieblingsspeise zu gewinnen.
Lassen Sie jeden Teilnehmer sein Leibgericht auf einen Zettel schreiben. Alle Zettel werden dann eingesammelt und in einen Topf geworfen. In einer öffentlichen Ziehung wird dann ermittelt, wer in der kommenden Woche sein Leibgericht »gewinnt« – welches Gericht also an einem Tag von der Küche auf den Speiseplan übernommen wird.
Schön wäre es, wenn der Koch des Hauses die Gewinner zieht!

Die Showmaster

Nennen Sie einige Showmaster und die Teilnehmer sollen die entsprechenden Samstag-Abend-Sendungen nennen. Das Ganze lässt sich natürlich auch umgekehrt spielen: Sie nennen die Sendung und die Teilnehmenden den Showmaster.
Stellen Sie zur Gesprächsanbahnung die folgenden Fragen:
- Was war das Besondere an den Sendungen?
- Welche Sendung haben Sie besonders gerne gesehen?
- Was hat Ihnen am Showmaster XY besonders gut gefallen?
- Was hat Ihnen nicht gefallen?

Sendung	Showmaster
Einer wird gewinnen	Hans-Joachim Kulenkampff
Was bin ich	Robert Lembke
Dalli-Dalli	Hans Rosenthal
Auf los geht's los	Blacky Fuchsberger
Am laufenden Band	Rudi Carrell
Der große Preis	Wim Thoelke
Zum Blauen Bock	Heinz Schenk

Fernsehansagerinnen

Früher gab es im deutschen Fernsehen Ansagerinnen, die das Programm ansagten. Sie zeichneten sich nicht nur durch eine sehr freundliche Erscheinung aus, sie mussten auch eine besonders gute Aussprache haben. Diese musste im Sprechunterricht trainiert werden.
Veranstalten Sie nun Ihren eigenen Sprechunterricht: Lassen Sie die Teilnehmer einige Zungenbrecher sprechen:
- Die Katze tritt die Treppe krumm. Der Kater tritt sie gerade.
- Denke nie gedacht zu haben, denn das Denken der Gedanken ist gedankenloses Denken.
- Esel essen Nesseln gern, Nesseln essen Esel gern.
- Fischers Fritze fischt frische Fische.
- Auf dem Rasen rasen Hasen, atmen rasselnd durch die Nasen.
- Der Leutnant von Leuthen befahl seinen Leuten, nicht eher zu läuten als der Leutnant von Leuthen seinen Leuten das Läuten befahl.
- Herr und Frau Lücke gingen über eine Brücke. Da kam eine Mücke und stach Frau Lücke ins Genicke. Da nahm Herr Lücke seine Krücke und schlug Frau Lücke ins Genicke. Weswegen dann Frau Lücke mit der Mücke und der Krücke im Genicke tot umfiel.

Welche Zungenbrecher kennen die Teilnehmer noch? Sammeln Sie gemeinsam weitere Sprüche!

Glücklich-Sein

Die Teilnehmer sollen so viele Dinge wie möglich nennen, die sie glücklich machen –, ganz so wie es die Kandidaten bei Hans Rosenthal machen mussten.

Zeit für Bewegung – Fernsehgymnastik

Früher gab es im Fernsehen häufig Gymnastiksendungen zum Mitmachen.
Heute sind die Teilnehmer die Fernsehturner. Sie sitzen jeweils auf einem Stuhl und machen die folgenden Übungen:

Bewegungen	Wiederholungen	Assoziation/Verdeutlichung
Der Kopf wird langsam zur rechten Seite und zur linken Seite geneigt.	3 Mal langsam im Wechsel	Wir ruhen uns aus, und betten den Kopf auf ein Kissen.
Die rechte Schulter wird langsam ans rechte Ohr und danach die linke Schulter ans linke Ohr gezogen.	3 Mal langsam im Wechsel	Wir haben die Hände voll und halten den Telefonhörer.
Beide Schultern werden in Richtung der Ohren gezogen.	3 Mal langsam im Wechsel	»Mein Name ist Hase, ich weiß von nichts!«
Der rechte Arm wird nach vorne gestreckt, die Hand geöffnet und geschlossen. Wiederholung des Ganzen mit dem linken Arm/der linken Hand. Dann wird mit beiden Armen/Händen gleichzeitig trainiert.	2 Mal je Übung	Wir versuchen, unserem Gegenüber den Kopf zu kraulen.
Der Rumpf wird nach oben gestreckt, die Arme dabei auch nach oben gereckt.	2 Mal langsam im Wechsel	Wir versuchen, mit den Händen die Zimmerdecke zu erreichen.
Danach erfolgt die Rumpfbeugung nach unten.		Wir binden uns die Schuhe zu.

Bewegungen	Wiederholungen	Assoziation/ Verdeutlichung
Erst wird das rechte Knie nach oben gezogen, dann das linke Knie.	3 Mal langsam im Wechsel	Wir sind in einen Kaugummi getreten.
Das rechte Bein wird nach vorne gestreckt, danach wird das linke Bein nach vorne gestreckt.	3 Mal langsam im Wechsel	Wir schießen den Ball ins Tor.
Die Beine werden ausgeschüttelt.		Jetzt stehen wir im Tor und uns schlottern die Knie.

Tipp:
Mit fröhlicher Musik geht das alles noch besser, ganz so wie im Fernsehen!

Sprechtraining

Eine lustige Übung, die der Aussprache und der Aktivierung der Gesichtsmuskulatur dient, ist das übertriebene Sprechen der Vokale.
Bitten Sie die Teilnehmer, sich aufrecht hinzusetzen. Die Schultern sollen entspannt sein, die Arme locker seitlich am Körper hängen. Nun wird noch ein paar Mal tief eingeatmet und bewusst und deutlich ausgeatmet.
Jetzt sollen die Teilnehmer ganz übertrieben und sehr lang gezogen das **A** sprechen, danach das **Ä, E, I, O, Ö, U, Ü, Eu.**

Achtung:
Diese Übungen können sehr anstrengend sein. Die Atmung wird beansprucht, und bei der Gesichtsgymnastik werden untrainierte Muskeln gefordert. Also achten Sie bitte auf Pausen und darauf, dass niemand Atemprobleme bekommt. Weniger ist oft mehr!

Berühmte Paare

In der Show von Hans-Joachim Kulenkampff mussten die Teilnehmer oft passende Paarungen finden. Lassen Sie dies auch die Teilnehmer tun. Nennen Sie immer den einen Partner und die Teilnehmer sollen den anderen finden.

Partner/in 1	Partner/in 2
Romeo	Julia
Adam	Eva
Asterix	Obelix
Max	Moritz
Cindy	Bert
Klaus	Klaus
Dick	Doof
Fred Astaire	Ginger Rogers
Heidi	Peter
Hänsel	Gretel
Sissi	Franz
Tristan	Isolde
Tom Sawyer	Huckleberry Finn
Hans-Jürgen Bäumler	Marika Kilius

Ganz besondere Tiere

In den 1960er-Jahren waren Tiersendungen sehr beliebt. Es gab Serien wie Daktari, Flipper, Lassie, Black Beauty usw., in denen Tiere die Hauptrollen spielten.
Mit besonderer Aufmerksamkeit wurden auch die Dokumentarfilme und Berichterstattungen von Herrn Prof. Grzimek gesehen.
Bernhard Grzimek wurde Jahre später von dem sehr bekannten Humoristen Loriot parodiert. In seiner Sendung berichtete er von der sogenannten Steinlaus – ein Tier, das es in Wirklichkeit gar nicht gibt.

Welche vermeintlichen Tiere, die es gar nicht gibt, kennen die Teilnehmer? Und was stellen sie in Wirklichkeit dar?

Beispiele:
- ein Angsthase → ein ängstlicher Mensch
- eine Brillenschlange → ein Brillenträger
- ein Drahtesel → ein Fahrrad
- ein Spaßvogel → jemand, der gerne Scherze macht
- ein Bücherwurm → jemand, der gerne liest
- eine Zeitungsente → eine Falschmeldung in der Zeitung
- eine Wollmaus → ein Staubknäul
- eine Zimtschnecke → ein süßes Gebäck
- ein Ohrwurm → ein Lied, das einem nicht aus dem Sinn geht
- eine Naschkatze → jemand, der gerne Süßes isst
- ein Schaukelpferd → ein Spielgerät
- eine Planierraupe → eine Maschine für den Straßenbau
- ein Tafelspitz → ein Gericht aus gekochtem Rindfleisch
- ein Sparschwein → eine Spardose
- eine Luftschlange → ein Dekorationsartikel
- ein Zapfhahn → eine Armatur zum Ablassen von Flüssigkeiten
- eine Schnapsdrossel → ein Mensch, der gerne viel trinkt

Zirkus

Der Besuch eines Zirkus war und ist für viele Menschen immer eine besondere Attraktion. Es ist wie ein Abtauchen in eine andere Welt – eine Welt voller Illusionen, zauberhafter Magie, fantastischer Darbietungen mit außergewöhnlichen Menschen und Tieren. Vielleicht lässt sich ja auch ein realer Zirkusbesuch bei Gelegenheit organisieren?

Zirkusluft

Nutzen Sie die folgenden Fragen, um eine biografische Gesprächsrunde einzuläuten.
- Waren Sie schon einmal in einem Zirkus und wenn ja, in welchem?
- Was hat Ihnen besonders gefallen?
- Was war besonders aufregend für Sie?
- Wie haben Sie erfahren, dass ein Zirkus seine Zelte aufgebaut hatte?
- Was kostete damals der Eintritt?
- Mit wem sind Sie in den Zirkus gegangen?

Flohzirkus

Die wirklich kleinsten Artisten eines Zirkus sind die Flöhe in einem Flohzirkus.
Spielen Sie nun mit den Teilnehmern »Kleiner als …«: Dafür geben Sie einen großen Gegenstand oder ein großes Lebewesen vor. Die Teilnehmer nennen nun abwechselnd etwas, das kleiner als das vorab Genannte ist. Jedes neu Angeführte muss kleiner als das Vorherige sein bis es nicht mehr kleiner geht.

Beispiel:
Wal → Elefant → Telefonzelle → Kühlschrank → Backofen → Katze → Geige → Huhn → Glas → Käfer → Kieselstein → Floh

Tipp:
Um es schwieriger zu gestalten, muss alles Genannte in einer logischen Folge stehen: Es dürfen also bspw. nur Tiere oder Musikinstrumente oder Haushaltsgegenstände genannt werden.

Tiere im Zirkus

In einem Zirkus treten in der Regel auch Tiere auf. Was fällt den Teilnehmern dazu ein?
- Welche Tiernummern sehen Sie besonders gerne?
- Was würden Sie davon halten, in einem Zirkus als Raubtierdomteur aufzutreten?
- Welche Tiere möchten Sie dressieren: Löwen, Tiger, Bären, Schlangen?
- Hätten Sie eher Lust zu einer Dressurnummer mit Pferden, Hunden oder Elefanten?
- Vielleicht möchten Sie aber auch lieber gar keine Tiere im Zirkus sehen?

Verteilen Sie den unten stehenden »Zirkustierbogen«. Jedes Tier einer Reihe trägt eine Zahl. Bei dem letzten Tier fehlt die Nummer. Die Teilnehmer sollen erkennen, welche Zahl einzutragen ist.

Auflösung siehe S. 71

Zauberei

In keinem Zirkus darf er fehlen: der Zauberer! Da werden Dinge herbeigezaubert oder man lässt sie verschwinden, aus einem Stock wird ein Blumenstrauß und Jungfrauen werden zersägt.
Ein sehr bekannter Trick ist, das Kaninchen aus dem Hut zu zaubern. Besorgen Sie sich einen Hut und legen Goethes Gedicht vom Zauberlehrling hinein. Nun »zaubern« Sie zwar kein Kaninchen, aber zumindest ein Gedicht aus dem Hut.

Der Zauberlehrling

»Hat der alte Hexenmeister
sich doch einmal wegbegeben!
Und nun sollen seine Geister
auch nach meinem Willen leben.
Seine Wort und Werke
merkt ich und den Brauch,
und mit Geistesstärke
tu ich Wunder auch.

Walle! walle
Manche Strecke,
daß, zum Zwecke,
Wasser fließe
und mit reichem, vollem Schwalle
zu dem Bade sich ergieße.

Und nun komm, du alter Besen!
Nimm die schlechten Lumpenhüllen;
bist schon lange Knecht gewesen:
nun erfülle meinen Willen!
Auf zwei Beinen stehe,
oben sei ein Kopf,

Walle! walle
manche Strecke,
daß, zum Zwecke,
Wasser fließe
und mit reichem, vollem Schwalle
zu dem Bade sich ergieße.

Seht, er läuft zum Ufer nieder,
Wahrlich! ist schon an dem Flusse,
und mit Blitzesschnelle wieder
ist er hier mit raschem Gusse.
Schon zum zweiten Male!
Wie das Becken schwillt!
Wie sich jede Schale
voll mit Wasser füllt!

Stehe! stehe!
denn wir haben
deiner Gaben
vollgemessen! –
Ach, ich merk es! Wehe! wehe!
Hab ich doch das Wort vergessen!

*Ach, das Wort, worauf am Ende
er das wird, was er gewesen.
Ach, er läuft und bringt behende!
Wärst du doch der alte Besen!
Immer neue Güsse
bringt er schnell herein,
Ach! und hundert Flüsse
stürzen auf mich ein.*

*Nein, nicht länger
kann ichs lassen;
will ihn fassen.
Das ist Tücke!
Ach! nun wird mir immer bänger!
Welche Miene! welche Blicke!*

*O du Ausgeburt der Hölle!
Soll das ganze Haus ersaufen?
Seh ich über jede Schwelle
doch schon Wasserströme laufen.
Ein verruchter Besen,
der nicht hören will!
Stock, der du gewesen,
steh doch wieder still!*

*Willst am Ende
gar nicht lassen?
Will dich fassen,
will dich halten
und das alte Holz behende
mit dem scharfen Beile spalten*

*Seht da kommt er schleppend wieder!
Wie ich mich nur auf dich werfe,
gleich, o Kobold, liegst du nieder;
krachend trifft die glatte Schärfe.
Wahrlich, brav getroffen!
Seht, er ist entzwei!
Und nun kann ich hoffen,
und ich atme frei!*

*Wehe! wehe!
Beide Teile
stehn in Eile
schon als Knechte
völlig fertig in die Höhe!
Helft mir, ach! ihr hohen Mächte!*

*Und sie laufen! Naß und nässer
wirds im Saal und auf den Stufen.
Welch entsetzliches Gewässer!
Herr und Meister! hör mich rufen! –
Ach, da kommt der Meister!
Herr, die Not ist groß!
Die ich rief, die Geister
werd ich nun nicht los.*

*»In die Ecke,
Besen, Besen!
Seids gewesen.
Denn als Geister
ruft euch nur zu seinem Zwecke,
erst hervor der alte Meister.«*

Ich packe meinen Zirkuswagen

Der Zirkus, wie er bei uns bekannt ist, ist meist ein Wanderzirkus. Oft handelt es sich um ein Familienunternehmen, welches von Ort zu Ort zieht und seine Zelte aufbaut.
So ein Leben in einem Zirkuswagen hat sicherlich auch etwas Romantisches. Hatte einer der Teilnehmer schon einmal den Wunsch in einem Zirkuswagen durch das Land zu ziehen? Leider passt in einen Zirkuswagen nicht viel rein, und trotzdem gestalten sich die Besitzer ihr kleines Reich immer ganz persönlich.

Alle kennen sicherlich das Spiel ich packe meinen Koffer. Nun wird das Spiel ein wenig anders gespielt – »Ich packe meinen Zirkuswagen«:
- Jeder Teilnehmer nennt einen Gegenstand, der in seinen Zirkuswagen soll.
- Der nächste Teilnehmer wiederholt den genannten Gegenstand und fügt einen weiteren hinzu.
- Der Dritte nennt die vorherigen zwei und fügt »seinen« Gegenstand dazu usw.

Beim Wiederholen der Gegenstände ist die Reinfolge nicht so wichtig. Sie können die genannten Gegenstände dabei auch aufschreiben und beim Stocken durch Umschreibungen helfen.

Zeit für Bewegung – Artisten

In einem Zirkus werden die Artisten mit Staunen bewundert. Ob sie nun mit Tellern und Bällen jonglieren, auf Seilen balancieren oder in schwindelerregender Höhe vom Trapez hängen. Ihre Leistungen sind bemerkenswert und oft stockt den Zuschauern bei ihrem Anblick der Atem.

Jetzt sind die Teilnehmer an der Reihe – spielen Sie Zirkusmusik vor und verteilen Sie an die Teilnehmer kleine Bälle, kleine Reissäckchen oder Ähnliches:
- Jeder Teilnehmer erhält einen kleinen Ball oder ein kleines Säckchen.
- Der Ball wird zwischen beiden Händen hin und her gerollt.
- Der Ball wird jetzt zwischen Daumen und Zeigefinger gehalten, dabei der Arm nach oben, nach vorne und zur Seite gestreckt – als wolle man allen Zuschauern (auch denen auf den obersten Rängen) den Ball präsentieren. Das Ganze dann mit der anderen Hand wiederholen.
- Jetzt sollte der Ball zwischen Daumen und Mittelfinger, Daumen und Ringfinger und – wer es schafft – zwischen Daumen und kleinem Finger gehalten werden. Auch hier wieder den Arm nach oben, vorne und zur Seite bewegen. Das Ganze jeweils mit der anderen Hand wiederholen.
- Nun wird der Ball auf die flache Handinnenseite gelegt. Wer schafft es den Ball auf der flachen Hand zu balancieren (rechts und links)?
- Nun wird der Ball auf den flachen Handrücken gelegt. Wer schafft es den Ball auf dem Handrücken zu balancieren (rechts und links)?

Zirkusfamilien

Es gibt viele unterschiedliche, bekannte Zirkusfamilien. Welche kennen die Teilnehmer? Einige bekannte Zirkus-Namen sind diese: Renz, Busch, Sarrasani, Krone, Roncalli, Althoff, Lorch, Traber usw.

Verteilen Sie das Buchstabenquadrat und die Teilnehmer sollen die versteckten Familien finden. Gesucht werden die folgenden Namen: Busch, Sarrasani, Roncalli, Renz, Althoff, Krone, Lorch

S	A	R	R	A	S	A	N	I	B
C	A	S	E	T	U	I	L	L	U
H	O	L	N	A	N	D	K	Ö	S
W	Y	X	Z	C	V	N	I	M	C
E	Q	W	E	R	Z	U	T	O	H
R	O	N	C	A	L	L	I	Ü	L
Z	C	V	B	N	M	P	L	Ö	O
K	R	O	N	E	R	E	I	C	R
Y	X	X	C	N	M	Ä	E	Ö	C
A	L	T	H	O	F	F	N	D	H

Auflösung siehe S. 72

Reisen

Urlaub zu machen, fremde Menschen, Länder und Bräuche kennenzulernen, ist für viele Menschen die schönste Zeit im Jahr. An viele Reisen erinnert man sich ein Leben lang. Daher ist das Thema »Reisen« oft eines der aufregendsten und schönsten Themen überhaupt.

Nutzen Sie die folgenden Fragen, um eine biografische Gesprächsrunde einzuläuten.
- Wo haben Sie Urlaub gemacht?
- Wie sind Sie in den Urlaub gefahren?
- Wie haben Sie übernachtet?
- Mit wem waren Sie im Urlaub?
- Sind Sie immer an die gleichen Orte gefahren oder haben Sie mehrere Ziele gehabt?

Anna fährt nach Argentinien

Geben Sie der Reihe nach Buchstaben vor. Zu jedem Buchstaben soll ein weiblicher Vorname, ein Gefährt, ein männlicher Vorname und ein Ort, ein Reiseziel gefunden werden. Dabei dürfen auch Markennamen und Städte oder Regionen genannt werden.

Beispiele:
A: Anna fährt im Auto mit August nach Argentinien.
B: Bella fährt im Bus mit Bodo nach Belgien.
C: Carla fährt im Caddy mit Carlos nach Calw.
D: Doris fährt im Doppeldecker mit Dietrich nach Dänemark.
E: Elli fährt in der Eisenbahn mit Ernst ins Erzgebirge.
F: Frida fliegt im Flugzeug mit Friedrich nach Formentera.
…

Ansichtskarten

Im Urlaub schreibt man Ansichtskarten. Diskutieren Sie mit den Teilnehmern über diese Praxis.
- An wen haben Sie Postkarten verschickt?
- Nach welchen Kriterien haben Sie die Karten ausgesucht?
- Wie viele Karten haben Sie durchschnittlich pro Urlaub geschrieben?
- Wie sah ein typischer Urlaubsgruß von Ihnen aus?

Verteilen Sie nun Zettel, auf denen je ein urlaubstypischer Begriff steht. Dabei sollen es in gleicher Anzahl Hauptwörter (Nomen), Eigenschaftswörter (Adjektive) und Tätigkeitswörter (Verben) sein. Jeder Teilnehmer zieht nun ein Nomen, ein Adjektiv und ein Verb. Aus diesen drei Begriffen soll nun ein kurzer Ansichtskartentext »komponiert« werden. Nutzen Sie die Wörter aus der Tabelle oder finden Sie eigene Begriffe.

Beispiele:
- Ich **genieße** das **herrliche Wetter**.
- Wir **schauen** uns viele **interessante Sehenswürdigkeiten** an.
- Ich **erhole** mich **prächtig**, das **Personal** ist sehr freundlich.

Nomen	Adjektiv	Verb
Meer	schön	wandern
Essen	sonnig	schwimmen
Sonne	freundlich	essen
Berge	teuer	genießen
Hotel	warm	lesen
Personal	herrlich	erholen
Sehenswürdigkeiten	interessant	fliegen
Sprache	sehenswert	einkaufen
Wetter	wunderbar	schauen
Hotel	seltsam	schlafen

Tipp:
Um das Ganze etwas schwieriger zu gestalten, können Sie die Teilnehmer auch sechs Wörter ziehen lassen – je 2 Nomen, 2 Adjektive und 2 Verben. Wie wäre es, wenn die Teilnehmer eigene Postkarten gestalten, gemalt oder mit einem Foto versehen, und dann an Freunde oder Angehörige verschicken?

Urlaub

Lesen Sie den Teilnehmern diese kleine Reimgeschichte vor. Dabei sollen sie, wenn möglich, das Reimwort (durch ... abgesetzt und kursiv geschrieben) selbst finden.

Nehmen Sie anschließend diese Reimgeschichte zum Anlass, darüber zu sprechen, wo die Teilnehmer gerne Urlaub gemacht haben und was ihnen wichtig war.

> Nordsee, Ostsee oder die Berge?
> Bus oder Bahn, oder zu ... *Pferde?*
> Jedes Jahr das gleiche Spiel,
> wo geht's hin, was kost nicht so ...*viel?*
>
> Familie Müller sitzt zu Haus,
> breitet Kataloge .... *aus.*
> Diesmal soll es preiswert sein,
> nicht weit weg, das wäre ....*fein.*
>
> Die Eltern wünschen sich nur eins: viel Entspannung, Lesen, Ruh'n.
> Möchten dieses Jahr nicht viel ... *tun.*
> Die Kinder woll'n ins Schwimmbad geh'n,
> Freunde treffen, das wär ... *schön.*
>
> Und plötzlich fällt es allen ein:
> Im Garten soll der Urlaub ... *sein.*
> Dies Jahr wird zu Haus geblieben.
> Auch schon Goethe hat's ... *geschrieben:*
> »Wozu in die Ferne schweifen, sieh das Gute liegt so nah.
> Lerne nur das Glück zu greifen, denn das Glück ist immer ... *da!«*

Bus oder Bahn?

Wie sind die Teilnehmer in den Urlaub gefahren, welche Möglichkeiten gibt es? Teilen Sie Kopien mit den gespiegelten Wörtern aus, und lassen Sie die Teilnehmer raten, um welche Verkehrsmittel es sich handelt!

KOPIERVORLAGE

REISEBUS

AUTO

FAHRRAD

FLUGZEUG

KUTSCHE

ZU FUSS

SCHIFF

Auflösung siehe S. 72

Faltkarten

Wenn man unterwegs ist, hat man häufig eine Wanderkarte dabei. Solch eine Karte ist oft mehrmals gefaltet. Falten Sie heute einmal gemeinsam mit den Teilnehmern:
- Verteilen Sie an jeden Teilnehmer ein quadratisches Papier.
- Jeder Teilnehmer erhält Farben (Abtönpaste oder Acryl eignen sich gut). Auf das Papier wird nun wild die Farbe aufgebracht.
- Anschließend wird das Papier in der Mitte gefaltet: quer, längs oder diagonal oder alles – das ist egal. Wichtig ist nur, dass immer in der Mitte gefaltet wird. So entstehen sehr schöne Farbmuster.
- Hängen Sie alle Bilder mit nur ein wenig Abstand zueinander auf oder kleben Sie mehrere auf ein großes Papier und rahmen dieses ein.

Singen

Singen Sie mit Ihren Teilnehmern doch mal das Lied »Kein schöner Land in dieser Zeit« von Anton Wilhelm von Zuccalmaglio.

Kein schöner Land in dieser Zeit

»Kein schöner Land in dieser Zeit,
als hier das unsre weit und breit,
wo wir uns finden
wohl unter Linden
zur Abendzeit, Abendzeit.

Da haben wir so manche Stund'
gesessen wohl in froher Rund'
und taten singen;
die Lieder klingen
im Eichengrund.

Daß wir uns hier in diesem Tal
noch treffen so viel hundertmal,
Gott mag es schenken,
Gott mag es lenken,
er hat die Gnad'.

Nun, Brüder, eine gute Nacht,
der Herr im hohen Himmel wacht!
In seiner Güten
uns zu behüten
ist er bedacht.

Ihr Brüder wißt, was uns vereint,
eine andre Sonne hell uns scheint;
in ihr wir leben,
zu ihr wir streben
als die Gemeind'.«

Koffersuche

Manchmal reist man zusammen mit vielen Menschen und gibt dabei vorher sein Gepäck ab. So etwa am Flughafen. Ist man dann am Ziel angekommen, muss man seinen Koffer wiederfinden. Das kann ganz schön schwierig sein, gerade wenn mehrere Reisende ähnliche Koffer besitzen.

Verteilen Sie das Suchbild: Es gilt, den passenden Koffer zu dem ersten, umrandeten Modell zu finden.

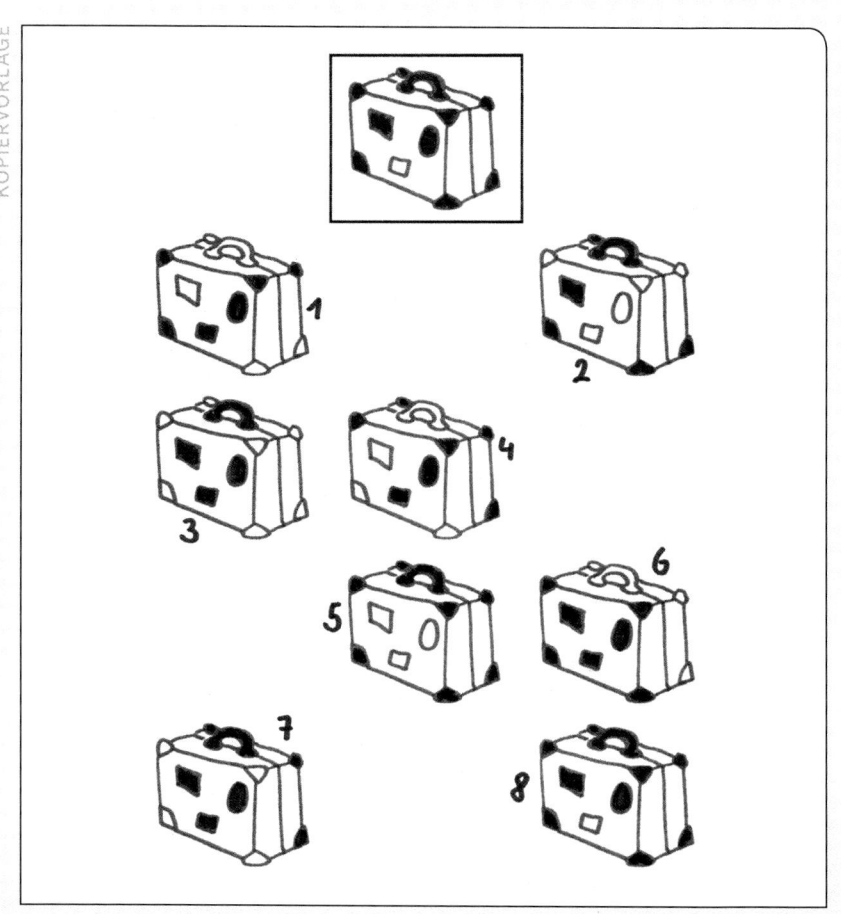

Auflösung siehe S. 72

Menükarten

In anderen Ländern gibt es auch andere Speisen. Welche besonderen Gerichte kennen die Teilnehmer? Und manchmal weiß man gar nicht, um welche Speise es sich handelt, weil man die Sprache nicht versteht.
Verteilen Sie die »Menükarten«, auf denen Speisen stehen. Allerdings sind die Schriften verschlüsselt. Für jeden Buchstaben wird eine Zahl eingesetzt. Welche Gerichte stehen auf den Menükarten?

Sprachschlüssel:

1	2	3	4	5	6	7	8	9	10	11	12
A	B	C	D	E	F	G	H	I	J	K	L

13	14	15	16	17	18	19	20	21	22	23	24
M	N	O	P	Q	R	S	T	U	V	W	Z

Menükarten:

2	18	1	20	23	21	18	19	20

19	3	8	14	9	20	24	5	12

11	15	8	12	19	21	16	16	5

5	18	4	2	5	5	18	5	14

Auflösung siehe S. 72

Lösungen

Lösung: Die doppelte Dame von Seite 13
1 + 8, 2 + 9, 3 + 7, 4 + 12, 5 + 10, 6 + 11

Lösung: Wäschetrommel von Seite 17
MANTEL, ROCK, KLEID, HOSE, JACKE, BLUSE

Lösung: Schneewittchen von Seite 29
1 + 8, 2 + 5, 3 + 6, 4 + 9, 5 + 2, 6 + 3, 7 + 10, 8 + 1, 9 + 4, 10 + 7

Lösung: Versteckte Instrumente von Seite 37

T	R	O	M	P	E	T	E	Ü	T
U	Y	L	Z	A	X	V	V	Ä	R
Q	T	R	T	U	B	A	V	Ö	I
B	C	C	N	K	G	I	D	P	A
E	B	J	G	E	I	G	E	J	N
C	F	F	F	I	P	Ü	Ö	Q	G
K	L	A	V	I	E	R	X	Y	E
E	B	M	N	V	G	T	P	S	L
N	T	P	P	H	A	R	F	E	Ä

Lösung: Gänseblümchenorakel von Seite 42
Ja, August liebt Siegfriede.
Ja, Karl liebt Berta.
Nein, Klara liebt Gustav nicht.
Ja, Franz liebt Erna.
Nein, Ilse liebt Wilhelm nicht.
Nein, Linda hofft Theo nicht.

Lösung: Kosenamen von Seite 43
Schatz, Spatzi, Herzilein, Augenstern, Süße, Bärchen, Liebling, Hase, Rehlein

Lösung: Hochzeitstorte von S. 12

			20			
		8		12		
	3		5		7	
1	+	2	+	3	+	4

			5			
		7	–	2		
	18	–	11	–	9	
60	–	42	–	31	–	22

			24			
		4	·	6		
	2	·	2	·	3	
1	·	2	·	1	·	3

Lösung: Entführung der Braut von Seite 46

S	**T**	**A**	**M**	**M**	**B**	**U**	**C**	**H**	**Ü**
C	H	**N**	K	Ö	**R**	**I**	**N**	**G**	**E**
H	F	**T**	D	**J**	**A**	S	Y	X	Y
L	Ü	**R**	Ü	Ä	**U**	M	N	B	V
E	P	**A**	O	I	**T**	**O**	**R**	**T**	**E**
I	Q	**G**	E	W	R	T	Z	U	I
E	A	S	D	F	**L**	**I**	**E**	**B**	**E**
R	**E**	**I**	**S**	F	F	G	H	J	K
Y	X	C	V	B	N	M	Ä	Ö	L
B	**R**	**Ä**	**U**	**T**	**I**	**G**	**A**	**M**	Y

Lösung: Tiere im Zirkus von Seite 57
Elefant 10, Gans 13, Pferd 5

Lösung: Zirkusfamilien von Seite 62

S	A	R	R	A	S	A	N	I	B
C	A	S	E	T	U	I	L	L	U
H	O	L	N	A	N	D	K	Ö	S
W	Y	X	Z	C	V	N	I	M	C
E	Q	W	E	R	Z	U	T	O	H
R	O	N	C	A	L	L	I	Ü	L
Z	C	V	B	N	M	P	L	Ö	O
K	R	O	N	E	R	E	I	C	R
Y	X	X	C	N	M	Ä	E	Ö	C
A	L	T	H	O	F	F	N	D	H

Lösung: Bus oder Bahn von Seite 66
Reisebus, Auto, Fahrrad, Kutsche, Flugzeug, zu Fuss, Schiff

Lösung: Koffersuche von Seite 68
Koffer 8

Lösung: Menükarten von Seite 69
Bratwurst, Schnitzel, Kohlsuppe, Erdbeeren